»Die Schweden wissen, wie es geht: döstädning ist die Lösung! Während Marie Kondo uns strikte Regeln vorgab, ist Frau Magnussons Anleitung unkompliziert und humorvoll.«
Washington Post

Döstädning – das ist die schwedische Kunst, die Dinge des Lebens zu ordnen. Es geht darum, Wesentliches von Unwesentlichem zu trennen, darüber nachzudenken, was man bewahren und weitergeben möchte. Keiner weiß darüber mehr als die über achtzigjährige Margareta Magnusson. Sie hat für sich bewusst entschieden, was sie weitergeben will und was dem Vergessen anheimfallen soll. Ob es sich um Erbstücke, Familiengeheimnisse oder den Facebook-Account handelt. Egal, in welchem Alter man sich befindet, Frau Magnusson hilft uns lebensklug und charmant. Sie weiß, wie wir uns das Leben einfacher machen können. Denn wenn man an das denkt, was über den Tod hinaus bleiben soll, kommt überraschenderweise das Leben in Ordnung.

Margareta Magnusson ist die Expertin, wenn es darum geht, die Dinge des Lebens zu ordnen. Sie hat bei sich schon aufgeräumt und stand mit Rat und Tat vielen Freunden und ihren fünf Kindern zur Seite. Ihre graphischen Arbeiten wurden in zahlreichen Galerien weltweit ausgestellt. Nach eigener Aussage ist sie zwischen 80 und 100 Jahre alt.

Rita Seuß lebt in Berlin und hat u.a. Roberto Saviano und Andrea Camilleri übersetzt.

Weitere Informationen finden Sie auf www.fischerverlage.de

Margareta Magnusson

Frau Magnussons Kunst, die letzten Dinge des Lebens zu ordnen

Aus dem Englischen
von Rita Seuß

FISCHER
TASCHENBUCH

Für meine fünf Kinder

MIX
Papier | Fördert gute Waldnutzung
FSC® C083411
FSC www.fsc.org

2. Auflage, 2025
Erschienen bei FISCHER Taschenbuch
Frankfurt am Main, 2024

Die englische Originalausgabe erschien 2017 unter dem Titel
»The Gentle Art of Swedish Death Cleaning«
bei Canongate Books Ltd., Edinburgh

Satz: Dörlemann Satz, Lemförde
Druck und Bindung: CPI books GmbH, Leck
ISBN 978-3-596-71109-3

Kontaktadresse nach EU-Produktsicherheitsverordnung:
produktsicherheit@fischerverlage.de

»Wenn man seine Dinge in Ordnung bringt und es einem gelingt, ist das äußerst tröstlich und der Gewinn unermesslich.«

Leonard Cohen

Inhalt

Vorwort

Das Einzige, was wir mit Sicherheit wissen, ist, dass wir eines Tages sterben werden. Bis dahin jedoch können wir beinahe tun und lassen, was wir wollen.

Wahrscheinlich haben Sie dieses kleine Buch von einem Ihrer Kinder bekommen, oder es hat Ihnen jemand geschenkt, der sich in derselben Situation befindet wie Sie und ich. Vielleicht aber haben Sie es sich selbst gekauft, weil es einen Nerv getroffen hat. Und dafür gibt es einen Grund. Sie haben im Laufe Ihres Lebens so viele wunderbare Dinge zusammengetragen – Dinge, deren Wert Ihre Familie und Ihre Freunde gar nicht ermessen und mit denen sie kaum etwas anfangen können.

Ich möchte Ihnen dabei helfen, dass Ihre Lieben angenehme und nicht verstörende Erinnerungen an Sie bewahren.

Ihre

Döstädning ist keine traurige Angelegenheit

Ich habe angefangen, meinen Haushalt von überflüssigen Dingen zu befreien. Im Schwedischen haben wir dafür ein Wort: *döstädning*. *Dö* heißt Tod und *städning* aufräumen oder reinemachen. *Döstädning* bedeutet, dass man Dinge ausrangiert, die man nicht mehr braucht, und seine Wohnung angenehm und ordentlich gestaltet, wenn man spürt, dass der Zeitpunkt näher rückt, da man diese Welt verlassen muss.

Das ist etwas so Wichtiges, dass ich Ihnen davon erzählen möchte. Vielleicht kann ich Ihnen auch ein paar Tipps geben, denn früher oder später sind wir alle damit konfrontiert. Wir müssen uns wirklich damit auseinandersetzen, um den Menschen, die uns nahestehen, kostbare Zeit zu ersparen, wenn wir einmal nicht mehr da sind.

Was also bedeutet *döstädning* genau? Für mich bedeutet es, dass ich alle meine Sachen durchsehe und überlege, was ich mit dem mache, was ich nicht mehr haben will. Schauen Sie sich um. Viele Dinge sind wahrscheinlich schon so lange in Ihrem Besitz, dass

Sie sie gar nicht mehr wahrnehmen und wertschätzen.

So neu der Ausdruck *döstädning* auch sein mag, die Tätigkeit selbst ist es nicht. Wenn man seine Wohnung entrümpelt, um Ballast abzuwerfen und sein Leben angenehmer und übersichtlicher zu gestalten, hat das nicht unbedingt mit dem Alter und dem Tod zu tun, auch wenn das oft der Fall ist. Manchmal stellt man einfach nur fest, dass die Schubladen überquellen oder die Schranktüren nicht mehr zugehen. Dann ist es definitiv an der Zeit, etwas zu unternehmen, auch wenn man gerade mal dreißig ist. Diese Art des Entrümpelns könnte man gleichfalls als *döstädning* bezeichnen, obwohl der Tod noch sehr weit entfernt ist.

Ich glaube, dass schon immer viel entrümpelt wurde, aber diese Tätigkeit steht selten im Scheinwerferlicht und wird viel zu wenig gewürdigt.

In meiner Generation – und in den Generationen vor mir – waren es beispielsweise meistens die Frauen, die nach dem Tod ihres Mannes die Wohnung aufgeräumt haben. Und sie räumen noch einmal auf, bevor sie selbst gehen. Während in der Regel ein Haushalt aufgelöst wird, *nachdem* jemand gestorben ist, geht es in meinem Buch um die eigenartige Situation einer Haushaltsauflösung, *bevor* man stirbt.

Manchen Menschen fällt es sehr schwer, an den eigenen Tod zu denken. Und diese Menschen hinterlassen ein Chaos. Dachten sie, sie wären unsterblich?

Viele Erwachsene scheuen sich, mit ihren Eltern über den Tod zu sprechen. Sie sollten keine Angst davor haben. Wir alle müssen über den Tod sprechen. Wenn uns das schwerfällt, könnte *döstädning* ein Weg sein, um dieses schwierige Thema anzusprechen.

Neulich erzählte ich einem meiner Söhne, dass ich im Begriff sei, dies in meinem eigenen Haushalt zu praktizieren und ein Buch darüber zu schreiben. Er wollte wissen, ob es ein trauriges Buch sei und ob es mich traurig mache, es zu schreiben. Nein nein, sagte ich, es sei ganz und gar nicht traurig. Weder das *döstädning*, noch das Buch zu schreiben.

Manchmal habe ich das etwas ungute Gefühl, ich sei undankbar gegenüber einigen der Sachen, von denen ich mich trennen möchte. Schließlich haben sie mir einmal wertvolle Dienste geleistet. Aber ich konnte feststellen, dass es bereichernd ist, mich ein letztes Mal mit ihnen zu befassen und mich dann ihrer zu entledigen. Jeder Gegenstand hat seine Geschichte, und es kann beglückend sein, sich diese Geschichte in Erinnerung zu rufen. In jüngeren Jahren fehlte mir die Zeit, mich in aller Ruhe hinzusetzen und darüber nachzudenken, was mir ein bestimmter Gegenstand bedeutet hat, woher er stammt oder wann und wie er in meinen Besitz gekommen ist. Der Unterschied zwischen *döstädning* und einer simplen Aufräumaktion ist die Zeit, die man sich dafür nimmt. *Döstädning* hat nichts mit Staubwischen oder Putzen zu tun, sondern mit einer dauerhaften Ordnung und Vereinfachung, die einem das Alltagsleben erleichtert.

Heute, da ich aufgehört habe, durch Stockholm zu rennen, um nur nichts von dem zu verpassen, was die Stadt zu bieten hat, nehme ich mir Zeit für das, was meine Wohnung zu bieten hat, und denke über mein Leben nach.

Unsere Erde ist ein geplagter Ort, der von Überschwemmungen, Vulkanausbrüchen, Erdbeben, Feuersbrünsten und Kriegen heimgesucht wird. Es deprimiert mich, Nachrichten zu hören oder zu lesen, und ich würde verkümmern, wenn ich all dem Schlimmen, was in der Welt passiert, nicht die Nähe guter Freunde, Naturerlebnisse, Musik, schöne Dinge oder einfach nur das Glück eines sonnigen Tages (in unseren nördlichen Breiten durchaus keine Selbstverständlichkeit) entgegensetzen könnte.

Ich verfolgte nicht die Absicht, etwas Trauriges zu schreiben, davon gibt es in dieser Welt schon genug. Und so hoffe ich, dass die Gedanken hier in diesem

Buch hilfreich, unterhaltsam und manchmal sogar erheiternd sind.

Döstädning im eigenen Haushalt durchzuführen kann wirklich schwer sein, schließlich ist man noch nicht tot. Es gibt jedoch verschiedene Gründe, den eigenen Haushalt zu minimieren. Vielleicht steht ein Umzug in eine kleinere Wohnung an, vielleicht hat man seinen Partner verloren oder man muss sich auf ein Leben in einem Alters- oder Pflegeheim einstellen. Davon sind irgendwann im Leben die meisten von uns betroffen.

Es kann sehr schwierig sein, seine alten Sachen durchzusehen und sich in Erinnerung zu rufen, wann man sie zum letzten Mal benutzt hat, um sich dann – hoffentlich – von einigen zu trennen. Wir neigen dazu, Dinge zu horten. Etwas wegzuwerfen fällt uns schwer.

Ich habe so oft den Haushalt anderer Leute aufgelöst, dass ich niemandem die Last aufbürden möchte, hinter mir aufräumen zu müssen.

Nach einem Trauerfall ist das Chaos meist ohnehin groß genug, das kann ich Ihnen versichern. Es gibt viele traurige Geschichten über Geschwister, die sich zerstritten haben, weil jeder von ihnen denselben Einrichtungsgegenstand haben wollte. Solche Situationen lassen sich vermeiden. Wir können dafür sorgen, dass es zu derart unglückseligen Auseinandersetzungen gar nicht erst kommt.

Ich zum Beispiel besaß ein wunderschönes Armband, das mein Vater vor langer Zeit meiner Mutter geschenkt hatte. Meine Mutter hatte es mir in ihrem Testament als Erbstück hinterlassen. Um spätere Komplikationen zwischen meinen Kindern zu vermeiden, schien es mir die einfachste Lösung zu sein, es zu verkaufen! Das war, glaube ich, eine sehr gute Idee.

Als ich später mit meinen Söhnen und Töchtern über den Verkauf des Armbands sprach, fanden sie meine Entscheidung völlig in Ordnung. Jeder von ihnen hatte etwas bekommen, das meinem Vater und meiner Mutter gehört hatte. Außerdem war es *mein* Armband, ich konnte damit machen, was ich wollte. Diskussionen mit meinen fünf Kindern über ein Armband schienen mir reine Zeitverschwendung zu sein. Mit einer Verkleinerung des Besitzstandes schon zu Lebzeiten erspart man sich und anderen Menschen wertvolle Zeit.

Warum ich dieses Buch geschrieben habe

Ich bin jetzt zwischen achtzig und hundert Jahre alt. Und als betagter Mensch halte ich es für meine Pflicht, anderen von meinen Erfahrungen zu erzählen. Die Philosophie von *döstädning* sollte jeder kennenlernen, egal, ob Eltern, Angehörige und Freunde älter werden oder ob es für einen selbst an der Zeit ist, sich damit zu beschäftigen.

Ich bin im Laufe meines Lebens siebzehnmal umgezogen, im Inland und im Ausland. Ich muss also wissen, was man behalten und was man ausrangieren sollte, wenn man eine neue Wohnung bezieht, in ein anderes Land geht oder die Erde verlässt.

Döstädning im Alter durchzuführen ist eine Aufgabe, die meistens den Frauen zufällt, denn sie leben tendentiell länger als ihre Ehemänner oder Partner. Doch manchmal bleibt auch der Mann zurück. So war es in meiner Familie. Meine Mutter starb zuerst und ließ meinen Vater zurück.

Wer seit vielen Jahren ein Haus bewohnt, in dem sich Kinder, Verwandte und Gäste wohlfühlen, hat in der Regel alle Hände voll zu tun und kommt gar nicht dazu, sich Gedanken darüber zu machen, welche von den vielen Sachen im Haushalt weggegeben werden könnten.

Und so sammelt sich im Laufe der Jahre immer mehr an. Doch irgendwann gerät die Situation außer Kontrolle, und dann können die vielen Dinge zu einer echten Belastung werden.

Vielleicht kommt der Tag, an dem man spürt, dass einem all der Kram, den man angehäuft hat, einfach zu viel Kraft und Energie raubt. Wenn dann jemand seinen angekündigten Wochenendbesuch oder die Essenseinladung absagt, ist man nicht enttäuscht, sondern dankbar und erleichtert, weil man viel zu erschöpft ist, um vorher noch die überall herumliegenden Sachen aufzuräumen. Man besitzt zu viel, das ist das Problem. Es ist Zeit, seinen Lebensstil zu ändern, und es ist nie zu spät, damit anzufangen!

Kostbare Zeit und hilfreiche Eltern

Natürlich ist heute alles ganz anders als in meiner Jugend. Ich sage nicht, dass es besser war. Aber der Lebensrhythmus hat sich enorm beschleunigt. Viele junge Familien müssen ihr Leben bis ins kleinste Detail planen, um Zeit für das zu erübrigen, was ihnen wirklich wichtig ist.

Daher sollten Sie nicht davon ausgehen, dass irgendjemand bereit – oder auch nur imstande – ist, Zeit für die Dinge zu erübrigen, um die Sie sich selbst noch nicht gekümmert haben. Auch wenn Ihre Angehörigen und Freunde Sie noch so sehr lieben: Bürden Sie ihnen diese Last nicht auf.

Meine erste Haushaltsauflösung führte ich nach dem Tod meiner Mutter durch. Ich musste die Wohnung meiner Eltern komplett ausräumen. Meine Eltern waren sechsundvierzig Jahre lang verheiratet gewesen, und mein Vater war außerstande, seinen Umzug in eine kleinere Wohnung allein zu bewältigen. Gemeinsam suchten wir die Möbel, die Wäsche und die Haushaltsutensilien aus, die er mitnehmen wollte, dazu allen möglichen Krimskrams und die Gemälde, die sein neues Zuhause verschönern sollten.

Meine Mutter, eine sehr ordentliche, kluge und realistische Frau, war schon länger krank gewesen und ahnte, glaube ich, dass ihr nicht mehr viel Zeit bleiben würde. Und so hatte sie begonnen, Vorkehrungen für die Zeit nach ihrem Tod zu treffen.

Als ich anfing, ihre Wohnung auszuräumen, entdeckte ich Zettel, die an Kleidungsstücke und viele andere Gegenstände angeheftet waren: kleine handschriftliche Anweisungen, was man mit all den Sachen machen sollte. Ein paar Kartons waren für Wohltätigkeitsorganisationen bestimmt, einige Bücher sollten an ihre ursprünglichen Besitzer zurückgegeben werden. Ein Reitkostüm sollte an das Historische Museum gehen, so stand es auf einem Zettel, der am Jackenkragen festgesteckt war. Meine Mutter hatte sogar den Namen des Ansprechpartners im Museum dazugeschrieben.

Obwohl diese Hinweiszettel nicht ausdrücklich für mich gedacht waren, sprachen sie mir Trost zu. Ich hatte das Gefühl, meine Mutter steht mir zur Seite. Tatsächlich hatte sie ihr eigenes *döstädning* bewerkstelligt, zum Teil jedenfalls, und das erfüllte mich mit Dankbarkeit. Sie war für mich ein gutes

Beispiel, wie man für seine Besitztümer Verantwortung übernehmen und seinen Angehörigen die Mühsal des Ausräumens erleichtern kann, wenn man einmal nicht mehr da ist.

Meine fünf Kinder waren damals zwischen ein und elf Jahre alt, ich hatte also viel um die Ohren. Und weil ich so wenig Zeit hatte, beschlossen mein Vater und ich, mit einem Auktionator zusammenzuarbeiten, der den Haushalt auflösen und alles verkaufen sollte, was mein Vater in seiner neuen, kleineren Wohnung nicht mehr haben wollte oder nicht mehr benötigte. Ein Auktionator – das klingt teuer und auch ein bisschen exklusiv, aber in Wirklichkeit ist das gar nicht der Fall. Sein Honorar errechnet sich aus dem Erlös der verkauften Objekte, mein Vater musste also nicht in die eigene Tasche greifen. Unter den gegebenen Umständen war dies für uns die beste Lösung. Auktionshäuser sind in der Regel hilfreich, wenn man keine Geschwister hat, die einem beistehen.

Der Auktionator hatte sich um vieles zu kümmern, doch als seine Mitarbeiter erst einmal angerückt waren, ging alles sehr schnell. Ein paarmal musste ich eingreifen und die Möbelpacker daran hindern, bestimmte Sachen die Treppe hinunterzutragen. Aber ich nahm es mir nicht allzu sehr zu Herzen, wenn ein paar Sachen zu viel in die Auktion gingen. Die vielen anderen Dinge, um die ich mich sonst noch kümmern musste, hatten Vorrang und waren sehr viel komplizierter: die Sorge für meine Kinder und um meinen Vater, der diesen Umzug psychisch verkraften musste; dazu der Schmerz und die Trauer um seine verstorbene Frau, meine Mutter. Es blieb einfach keine Zeit, sich allzu viele Gedanken um materielle Dinge zu machen.

Außerdem hatte ich bereits sichergestellt, dass die grundlegenden Dinge, die mein Vater in seiner neuen Wohnung benötigte, nicht weggebracht wurden: die Haushaltsgeräte und die Möbel. Wenn ein paar Sachen zu viel in die Auktion gehen würden, war es also keine Katastrophe. Entscheidend waren die Sachen, an denen mein Vater hing und die er in seine neue Wohnung mitnehmen wollte: sein geliebter Schreibtisch, auf den er ein Foto meiner Mutter stellte, sein Lieblingssessel und ein paar Gemälde, von denen er sich nicht trennen wollte.

Wie soll man anfangen?

Bedenken Sie, dass die Verkleinerung eines Hausstands einige Zeit in Anspruch nehmen wird. Ältere Menschen scheinen zu glauben, dass die Zeit rast, aber in Wirklichkeit sind wir nur langsamer geworden. Wenn Sie also in einem fortgeschrittenen Alter sind, sollten Sie nicht zu lange warten …

Die Aufgabe, die Sie sich gestellt haben, wird nicht schneller bewältigt werden, wenn Sie warten, aber ein klein wenig Übung und Vorbereitung wird Ihnen Ihr Vorhaben vereinfachen. Glauben Sie mir: Je mehr Zeit Sie dafür investieren, Ihre Sachen durchzusehen, desto leichter wird es Ihnen anschließend fallen zu entscheiden, was davon Sie behalten wollen und was nicht. Je intensiver Sie sich damit beschäftigen, desto weniger Zeit werden Sie dafür brauchen. Vielleicht stellen Sie sogar fest, dass es Ihnen Spaß

macht, einen Haufen Gerümpel durchzusehen und all den unnützen Krempel endlich loszuwerden.

Beginnen Sie mit dem Keller, mit dem Dachboden oder mit den Schränken in der Diele. An diesen Orten deponiert man gern kurzfristig Sachen, die man später entsorgen will. Kurzfristig – von wegen! Vieles befindet sich schon seit einer Ewigkeit hier. Womöglich haben Sie sogar vergessen, was Sie da alles zwischengelagert haben. Gut für Sie, denn jetzt werden Sie feststellen, dass Sie die Sachen getrost wegwerfen können. Sie werden sie nicht vermissen.

Sehen Sie in diesen Depots nach und bringen Sie alles ans Licht, was dort versteckt ist: ein Puppenhaus vielleicht oder eine Eishockeyausrüstung, zumeist Dinge, für die Sie längst keine Verwendung mehr haben. In manchen Fällen ist der eigene Dachboden so vollgestopft, dass man sich gezwungen sieht, den Dachboden anderer Leute in Beschlag zu nehmen. Fürchterlich! Wer soll sich um all das kümmern, wenn Sie einmal nicht mehr da sind?

Erzählen Sie Angehörigen und Freunden von Ihrem Vorhaben. Vielleicht stehen sie Ihnen zur Seite, helfen Ihnen, die schweren Sachen an einen anderen Platz zu tragen, oder nehmen sogar Dinge mit, die Sie nicht mehr brauchen. Sie werden sehen: Bald kommen immer neue Leute zu Ihnen, die Sie mögen (und auch einige, die Sie nicht mögen), und verabschieden sich mit Büchern, Klamotten und Gebrauchsgegenständen unterm Arm.

Vielleicht ist eine Enkelin oder sonst jemand im Begriff, die erste eigene Wohnung zu beziehen. Laden Sie denjenigen zu sich nach Hause ein und zeigen Sie ihm die Sachen, die Sie nicht mehr haben wollen. Plaudern Sie ein bisschen und erzählen Sie Geschichten über die Sachen (oder Geschichten aus Ihrem Leben), die er oder sie nicht kennt. Halten Sie Tüten und Kisten bereit, damit die Sachen gleich mitgenommen werden können.

Fotos und Briefe

Fangen Sie nicht mit den Fotos an – oder mit Briefen und persönlichen Schriftstücken. Fotos und Briefe zu sichten kann sehr viel Spaß machen, aber auch ein wenig traurig sein. Eins jedoch ist sicher: Wenn Sie mit diesen Sachen anfangen, werden Sie sich in Erinnerungen verlieren und nie so weit kommen, irgendetwas wegzuwerfen.

Fotos und Briefe, die Sie aus einem bestimmten Grund aufgehoben haben, müssen warten, bis Sie über das Schicksal der Möbel und anderer Dinge entschieden haben. Für *döstädning* gilt generell: Fangen Sie mit den großen Objekten an und wenden Sie sich erst am Ende den kleineren zu. In Fotos stecken viele Emotionen, die Ihnen bei Ihrer Aufgabe hinderlich sein können, zugleich aber so wichtig sind, dass ich ihnen weiter hinten in diesem Buch ein eigenes Kapitel gewidmet habe.

Was soll man behalten und was nicht?

Es geht nicht darum, dass wir uns der Dinge entledigen, die unser Leben angenehmer und einfacher machen. Aber wenn man den Überblick über die Sachen verliert, die man besitzt, weiß man, dass man zu viel hat.

Ich fühle mich in einem Haus wohl, das einigermaßen aufgeräumt ist. Ich möchte nichts haben, das ich nicht gern anschaue. Auf einen schönen Sessel zum Beispiel werde ich nicht meine schmutzige Wäsche legen. Wenn der Bereich der Wohnung, den ich mit viel Mühe und Aufwand schön gestaltet habe, ständig zugemüllt wird, stimmt irgendetwas nicht mit der Art und Weise, wie ich meine Wohnung eingerichtet und organisiert habe.

Das Leben wird angenehmer und bequemer, wenn wir ein wenig Ballast abwerfen und etwas von dem loswerden, was wir im Überfluss besitzen.

Sortieren und aussortieren

Wenn Sie sich Ihre Wohnung anschauen, entdecken Sie bestimmt eine Menge Sachen, die nur eines gemeinsam zu haben scheinen: sie gehören Ihnen. Doch in Wirklichkeit haben die meisten Sachen, die man besitzt, vieles gemeinsam. Fast alles in unseren Wohnungen gehört in eine bestimmte Kategorie: Möbel, Kleider, Bücher, Tisch- und Bettwäsche und so weiter.

Natürlich gibt es in verschiedenen Wohnungen sehr unterschiedliche Kategorien. Golfspieler, Hobbygärtner, Segler und Fußballspieler haben jeweils eine grundverschiedene Wohnungsausstattung. Einige dieser Kategorien sind schwieriger zu handhaben, wenn es ums Ausmisten geht.

Wählen Sie eine Kategorie, die Ihnen einfach zu handhaben erscheint – eine Kategorie mit vielen Gegenständen, zu denen Sie keine besonders enge emotionale Beziehung haben. Es ist sehr wichtig, dass Sie mit etwas Einfachem beginnen. Ich möchte nicht, dass Sie schon am Anfang die Flinte ins Korn werfen.

Wenn Sie zwei oder drei dieser Kategorien bewältigt haben, werden Sie feststellen, was für ein gutes Gefühl das ist, denn bald werden Sie sich in Ihrer Wohnung sehr viel besser zurechtfinden. Ihre Familie und Ihre Freunde werden Sie ermuntern weiterzumachen.

Ich wähle als erste Kategorie stets die Kleider: für mich eine einfache Kategorie, denn in meinem Schrank hängen viele Sachen, die ich selten oder nie anziehe.

Auch beim *döstädning* für andere, meine Eltern, meine Schwiegermutter und meinen Mann zum Beispiel, habe ich mit den Kleidern angefangen. Aber oft ist die Kleidergröße so individuell, dass man am besten alles weggibt, wenn man niemanden kennt, der dieselbe Größe hat.

Wenn Sie sich jedoch Ihren eigenen Kleiderschrank vornehmen, sortieren Sie Ihre Garderobe und legen Sie sie auf zwei Stapel (aufs Bett oder auf einen Tisch).

Stapel 1 ist für die Kleider, die Sie behalten wollen.

Stapel 2 ist für die, die Sie weggeben wollen.

Sehen Sie Stapel 1 durch und suchen Sie die Sachen heraus, bei denen kleine Änderungen oder eine chemische Reinigung notwendig sind. Den Rest können Sie wieder in den Schrank hängen.

Stapel 2 ist zum Wegwerfen oder zum Verschenken.

Als ich meine Kleiderstapel durchsah, konnte ich kaum glauben, dass ich das alles einmal gekauft hatte. Vermutlich haben auch Geburtstags- und Weihnachtsgeschenke dazu beigetragen, die Zahl der Kleidungsstücke zu vergrößern. Manche Sachen sind mir zu klein, andere zu groß geworden. Wenn sich Ihre Figur im Laufe des vergangenen Jahres stark verändert hat, würde ich empfehlen, Kleidungsstücke, die Ihnen nicht mehr passen, auf Stapel 2 zu legen.

Einmal konnte ich meine Garderobe um zwei Kleider, fünf Schals, eine Jacke und zwei Paar Schuhe reduzieren. Ein Paar Schuhe nahm eine Enkelin mit, der Rest ging ans Rote Kreuz. Wunderbar!

Unsere Gesellschaft verlangt, dass wir uns zu bestimmten Anlässen auf eine bestimmte Art und Weise kleiden: im Alltag anders als zu festlichen Anlässen, zu freudigen Ereignissen anders als zu traurigen. Vergessen wir nicht, dass Kleidung uns auch die Anpassung an die Jahreszeiten erleichtert.

Vielleicht gehören Sie zu den Glücklichen, die über einen begehbaren Kleiderschrank verfügen. Was natürlich auch ein Nachteil ist, denn dann müssen Sie mehr Kleidungsstücke lüften, waschen und pflegen … und später entsorgen.

Als ich jung war, las ich einmal einen Artikel darüber, wie man eine pflegeleichte Garderobe zusammenstellt. Entscheidend war der Tipp, dass man nicht unbedingt viele Kleidungsstücke braucht, um gut angezogen zu sein. Es dreht sich vielmehr darum, die Kleidungsstücke sorgsam auszuwählen und dann geschickt zu kombinieren. Diesen Ratschlag habe ich mein Leben lang beherzigt. Bei der Garderobe kommt es, wie bei allem, auf die richtige Organisation an, damit man für bestimmte Anlässe leicht und schnell das Passende findet.

Meiner Ansicht nach sollten alle Kleidungsstücke in einem Schrank gut zusammenpassen und gut zu kombinieren sein.

Wer sich also daranmacht, seine Garderobe zu reduzieren, sollte sich ein paar Stunden Zeit nehmen, um seinen Kleiderschrank sorgfältig durchzusehen. Manche Spontankäufe passen nicht zu den anderen Sachen – wenn Sie Ihren Kleiderschrank genauer inspizieren, werden Sie das schnell erkennen. Behalten Sie nur das, was Sie wirklich tragen und zu dem Sie eine emotionale Beziehung haben. Manchmal ist eine kontrastierende Farbe oder ein Stoffmuster visuell belebend, und es macht Spaß, so ein Kleidungsstück zu tragen.

Ich besitze eine Jacke, die zu allem und nichts

passt. Ich habe sie vor Jahrzehnten auf einem Markt in China gekauft. Sie ist ein Patchwork aus vielen verschiedenen Stoffresten, bestickt mit lustigen Fabeltieren, farbenfroh und sorgfältig genäht – ein wunderbares Kleidungsstück aus recyceltem Material, angefertigt von jemandem mit viel Phantasie. Hat die kleine Marktfrau die Jacke selbst genäht? Gut möglich. Ich möchte sie jedenfalls behalten, denn sie macht mich glücklich. Ich trage sie jedes Jahr an Heiligabend.

Aber dieses Buch ist kein Ratgeber für einen guten Kleidungsstil – wir müssen weiter sichten und sortieren, ordnen und ausmisten!

Gut organisiert sein

Es ist grundsätzlich einfacher, in einer gut organisierten Wohnung *döstädning* durchzuführen. Mit »gut organisiert« meine ich, dass die Dinge an dem Platz sind, der ihnen zukommt. Wenn Sie in einem völligen Chaos leben, ist es schwierig, die Wohnung überhaupt sauber zu halten. Aber es ist nie zu spät, dieses Problem anzugehen. Wenn Sie überlegen, wohin der Gegenstand gehört, den Sie gerade in der Hand halten, kommen Sie vielleicht zu dem Schluss, dass Sie ihn gar nicht brauchen.

In meiner Stadt gibt es den Club Senior Net, eine Organisation, an die sich Rentner und alle über fünfundfünfzig wenden können, wenn sie mit ihrem Computer nicht zurechtkommen. Sie erhalten kompetente Hilfe von anderen Rentnern und älteren Leuten mit technischem Knowhow. Mein Helfer war alles andere als glücklich über das Kraut und Rüben meiner Dateien. Er warf einen Blick auf den Bildschirm und meinte: »Das ist, als würden Sie Ihr Klo in die Küche stellen.«

Und dann machte er sich ans Werk. Er ordnete meine Dateien. Ich war damals neunundsiebzig Jahre alt und bekam die Hilfe, die ich brauchte. Danach fand ich mich auf meinem Computer sehr viel leichter zurecht.

Dasselbe könnte Ihnen mit Ihrer Wohnung passieren, und Sie brauchen nicht einmal einen Computer, um das hinzukriegen. Der Computer diente mir nur als Vergleich, weil auf ihm alles so logisch und gut geordnet ist.

Es macht keinen Spaß, ›*Wo ist der Schlüssel?*‹ zu spielen, wenn man ihn vor sich selbst versteckt hat

Als meine Kinder noch klein waren, spielten wir bei den Geburtstagsfeiern ein Spiel namens *gömma nyckeln*, »Versteck den Schlüssel«. Das hat wirklich Spaß gemacht! Ich versteckte den Schlüssel in irgendeinem Winkel des Hauses, einen großen alten Schlüssel aus dem 17. Jahrhundert, und ließ die Kinder suchen. Es war ein Versteckspiel, ohne dass eines von ihnen in einen Schrank kriechen musste und am Ende dort vergessen wurde. Ich versteckte also den Schlüssel, und wenn ein Kind in seine Nähe kam, rief ich:

»Es wird wärmer!«

War das Kind zu weit weg, rief ich:

»Es wird kälter!«

Das war ein Riesenspaß. Aber wenn man erwachsen ist, ist es gar nicht lustig, wenn man morgens aufwacht und seine Brille nicht findet und niemanden hat, der sagt:

»Es wird wärmer.« Dann ist es an der Zeit, sich besser zu organisieren!

In einer Wohnung, in der man längere Zeit lebt, sollte es eigentlich nicht schwer sein, eine gewisse Ordnung zu halten. Trotzdem kenne ich Familien, die in einem kompletten Durcheinander leben. (Ich verzichte darauf, die Namen meiner Kinder zu nennen, aber ihr wisst, wer gemeint ist.) Unordnung ist eine unnötige Quelle des Ärgernisses. Selbst in einer kleinen Familie läuft immer jemand durch die Wohnung und sucht seinen Schlüssel, seine Handschuhe, eine Bescheinigung oder sein Handy. Was auch immer.

Alle diese Dinge haben eines gemeinsam: Sie sollten eigentlich einen festen Platz haben, haben ihn aber noch nicht. Geben Sie jedem Gegenstand einen bestimmten Platz, dann werden Sie nicht mehr wütend, ärgerlich oder verzweifelt sein, wenn Sie aus dem Haus müssen und Ihre Sachen nicht finden. Sie werden dann nicht mehr in der Diele stehen und brüllen: Wo sind meine ... was auch immer. Und obendrein kommen Sie auch noch pünktlich ans Ziel.

Die meisten Leute putzen ihre Wohnung einmal in der Woche. Wenn man mit dem Staubsauger oder einem Wischlappen durch die Zimmer geht, stößt man oft auf Dinge, die eigentlich ganz woandershin gehören. Man findet Handschuhe auf dem Klavier, eine Haarbürste in der Küche, einen Schlüsselbund hinter dem Sofa etc.

Tragen Sie eine Tüte bei sich, wenn Sie die Wohnung putzen, oder ziehen Sie eine Schürze mit einer großen Tasche an. Wenn Sie etwas entdecken, das an einem Platz liegt, wo es nicht hingehört, stecken Sie es in die Tüte oder in Ihre Schürzentasche. Wenn Sie fertig sind, zeigen Sie Ihre Funde den Menschen, mit denen Sie zusammenleben, und bitten Sie sie, ihre Sachen dahin zurückzubringen, wo sie hingehören. In manchen Haushalten liegen so viele Gegenstände am falschen Platz, dass eine Tüte oder Schürzentasche nicht groß genug ist. Solche Haushalte müssen dringend organisiert werden. Ich habe in den Wohnungen, in denen ich gelebt habe, immer Ordnung gehalten und meine Sachen an ihren Platz gelegt, in meinem Fall reicht also eine Schürzentasche. Meine Schürze ist hochelegant, mit einem hübschen Leopardenfellmuster. Sie ist so hübsch, dass ich sie am liebsten gar nicht mehr ausziehen möchte, auch nicht, wenn ich zum Essen ausgehe.

Ein Wandhaken für die Schlüssel in der Diele und Körbe oder Schachteln für Handschuhe, Mützen und Schals sind sehr praktisch. Wenn man in einem mehrstöckigen Haus wohnt, spart es Zeit, auf jedem

Treppenabsatz einen Korb für die Sachen zu haben, die man ständig rauf und runter trägt. Aber Vorsicht, dass Sie sich nicht mit dem Fuß im Korb verheddern.

Vor zehn Jahren unternahm ich mit einer Familie eine mehrtägige Segeltour. Als alle an Bord so weit waren, das Boot zu verlassen und für ein paar Stunden an Land zu gehen, musste nur noch die Kabinentür abgeschlossen werden. Aber der Schlüssel war unauffindbar. Wer hatte das letzte Mal abgeschlossen? Wer trug den Schlüssel bei sich? Um uns herum lagen wunderschöne Inseln, aber ein Ausflug an Land begann jedes Mal mit Ärger und Verdruss. Und der Grund für die schlechte Stimmung war jedes Mal die lästige Suche nach dem Schlüssel! Ein kleiner Haken innen an der Kabinentür hätte uns das Leben an Bord erheblich erleichtert.

Manchmal haben kleine Veränderungen eine erstaunliche Wirkung. Wenn Sie immer wieder dasselbe Problem haben, lösen Sie es!

Ein Wandhaken kostet nichts.

Eine hervorragende Idee

Mein zweites *döstädning* führte ich nach dem Tod meiner Schwiegermutter durch. Sie war nach dem Tod ihres Mannes in eine kleinere Wohnung umgezogen und hatte die meisten Sachen, für die sie keine Verwendung mehr hatte, bereits aussortiert. Ihre Wohnung wirkte immer schön, freundlich und gemütlich.

Meine Schwiegermutter hatte eine Zugehfrau, die ihr bei all dem zur Seite stand, was sie selbst nicht bewältigen konnte. Sie nannte sie Schneewittchen. Zwerge haben wir zwar nie zu Gesicht bekommen, aber Schneewittchen besaß viele Qualitäten dieser hilfreichen guten Geister.

Meine Kinder – ihre Enkelkinder, die inzwischen in ihre erste eigene kleine Wohnung umgezogen waren – liebten es, ihre Großmutter zu besuchen. Sie kochte ihnen etwas zu essen und erzählte ihnen von der Zeit, als sie mit ihrem Mann, der für die Firma Swedish Match arbeitete, in Japan gelebt hatte.

Mitten in der Weltwirtschaftskrise mussten meine

Schwiegereltern mit ihrem Sohn (meinem Mann, der 1932 zur Welt kam) nach Schweden zurückkehren.

Meine Schwiegermutter war eine außerordentlich tüchtige und talentierte Frau. Nach ihrer Rückkehr aus Japan in den 1930er Jahren eröffnete sie in der Hauptstraße der Stadt eine kleine Boutique mit Seidenprodukten und Porzellan, wunderschönen Lackarbeiten, Körben und anderen aus Japan importierten Waren. Ich glaube, sie war in Schweden die Erste, die Körbe nicht nur für die Wäsche und zum Pilzesammeln benutzte. Sie benutzte Körbe für Blumengestecke, was heute weit verbreitet ist (man stellt eine Vase oder ein anderes Gefäß in den Korb, damit die Blumen Wasser haben).

Schon bald fanden die Damen aus den besseren Kreisen der Stadt den Weg in ihren Laden, dem sie den Namen »Berg Fuji« gab. Meine Schwiegermutter hatte zahllose schöne, aber auch unschöne Geschichten auf Lager, wie sie von manchen dieser »feinen Damen« behandelt wurde, wenn sie sie hinter dem Ladentisch bediente.

Wenn wir sie in den letzten Jahren ihres Lebens besuchten, gab sie uns wunderschöne Porzellanteller mit, eine hübsche Tischdecke oder gemusterte Stoffservietten, und sie brachte uns immer etwas mit, wenn sie zu uns kam. Das ging jahrelang so, bevor sie in eine kleinere Wohnung umzog, in der sie bis zu ihrem Tod blieb. Das war ihre Art des *döstädning*. Sie verschenkte im Laufe der Zeit dezent und unaufdringlich viele von ihren Sachen und bereicherte und verschönerte damit das Zuhause ihrer Angehörigen und Freunde.

Damals wurde mir gar nicht klar, wie rücksichtsvoll und bedachtsam das war. Natürlich gab es nach ihrem Tod trotzdem noch einiges wegzuräumen, aber es hielt sich in Grenzen. Ich bin ihr bis heute dankbar dafür, dass sie es uns nach ihrem Tod so leicht gemacht hat.

Glückliche Menschen

Ich kenne viele Leute, die in einer chaotischen Wohnung leben und den Eindruck machen, sie fühlten sich pudelwohl. Auf mich wirken sie irgendwie skurril. Ich verstehe sie nicht. Trotzdem beneide ich sie manchmal, denn ich könnte mich niemals in solch einer Wohnung wohlfühlen.

Als die Zahl unserer Kinder in nur zehn Jahren auf fünf angewachsen war, gestalteten wir unsere Diele nach dem Modell einer schwedischen Grundschule. Jedes Kind bekam eine bestimmte Farbe, ein Regalfach in derselben Farbe und einen eigenen Kleiderhaken. Die Straßenkleidung wurde an die Haken gehängt oder in den Schubladen verstaut. Unsere Kinder betraten nie in Straßenkleidung den Wohnbereich. Eine Jacke an den Kleiderhaken zu hängen oder Handschuhe an ihren Platz zu legen dauert auch nicht viel länger, als die Sachen einfach auf den Boden zu werfen. Und das Beste war, dass die Kinder ihre Sachen fanden und nie fragen mussten: »Mama, wo sind meine …?«

Nach Sachen zu suchen, die man verlegt hat, ist ein ineffizienter Umgang mit der eigenen Zeit. Und Desorganisation ist kein guter Umgang mit der Zeit derjenigen, die hinter uns aufräumen müssen. Unsere Angehörigen werden alles andere als glücklich über das Chaos sein, das wir hinterlassen. Bemühen wir uns also lebenslang, unsere Wohnung in Ordnung zu halten, dann wird die Haushaltsauflösung für alle einfacher.

Eine zweite Meinung einholen

Wenn man den Entschluss fasst, seinen Hausrat zu verkleinern, kann es hilfreich sein, mit jemandem darüber zu sprechen, der nicht zur Familie gehört und keine emotionale Beziehung zu den Sachen hat, die man weggeben möchte.

Ratschläge oder auch nur die Ansicht von jemandem, der in einer ähnlichen Situation ist oder der jünger ist als Sie und die Dinge aus einer anderen Perspektive sieht, können hilfreich sein. Der unparteiische Blick von außen ist immer hilfreich, nicht nur beim Entrümpeln.

Laden Sie diese Person zu sich nach Hause ein, falls sie nicht allzu weit entfernt wohnt. Aber vergessen Sie nicht, eine Liste mit Fragen vorzubereiten, für die Sie einen

Ratschlag brauchen. Niemand möchte gern dastehen und warten, bis Ihnen wieder einfällt, was Sie fragen wollten.

Nachfolgend ein paar Fragen, die ich mir gestellt hatte, bevor ich anfing, meinen Haushalt aufzulösen:

Welcher Wohltätigkeitsorganisation überlasse ich meine Bücher?

Dieses Gemälde hat zwar keinen Sachwert, aber es ist sehr schön. Wer könnte es haben wollen?

Kann ich meinem fünfzehnjährigen Enkel ein altes Samurai-Schwert schenken?

Keine tiefschürfenden oder besonders schwierigen Fragen, aber ich wollte einfach eine andere Meinung dazu hören.

Mein drittes *döstädning*

Mein drittes *döstädning* führte ich nicht in einem fremden, sondern in meinem eigenen Haus durch. Als der Mann, mit dem ich achtundvierzig Jahre lang verheiratet gewesen war, nach langer Krankheit starb, stand ich vor der schwierigen Aufgabe, seine Sachen wegräumen und gleichzeitig überlegen zu müssen, was ich bei meinem Umzug in eine kleinere Wohnung mit meinen eigenen Sachen mache.

Wenn man so viele Jahre mit jemandem zusammengelebt hat, ist es schwer, der Tatsache ins Auge zu sehen, dass man von nun an auf sich allein gestellt ist. Der Mensch, der mir am nächsten war und mir stets mit Rat und Tat zur Seite gestanden hatte, war nicht mehr da. Er wird nie mehr wiederkommen, um bei mir zu sein und mir das Leben zu erleichtern. Das ist eine bittere Realität, von der wir auf die eine oder andere Weise irgendwann alle betroffen sein werden, ganz gleich, ob wir unseren Lebenspartner, einen guten Freund oder einen Angehörigen verlieren.

Ich habe versucht, mich in dieser Situation so zu

verhalten, wie ich glaubte, dass andere mich sehen wollten: als jemand, der nicht zusammenbricht, sondern die Zähne zusammenbeißt und weitermacht. Aber mein liebster und bester Freund war in unserem Haus immer noch sehr präsent, und das machte es mir schwer, einfach so weiterzumachen wie bisher. Ich erkannte, dass ich möglichst schnell eine neue Wohnung finden musste – eine Wohnung, die weniger Erinnerungen bereithielt und für eine alleinstehende Person weniger Arbeit bedeutete: eine Wohnung ohne einen großen Garten, ohne allzu viele Treppen und Zimmer, die geputzt werden mussten. Ich hatte keine Lust mehr, den Rasen zu mähen, Schnee zu schippen und Staub zu wischen, und ich schaffte das alles auch gar nicht mehr.

Von einem großen Haus mit Garten in eine Zwei-Zimmer-Wohnung mit Balkon umzuziehen ist nichts, was man in ein paar Stunden über die Bühne bringen kann. Meine erwachsenen Kinder nahmen zwar ein paar Kleidungsstücke, Bücher, Werkzeuge und Möbel mit, aber es gab immer noch vieles, um das ich mich zu kümmern hatte, was ich aussortieren, behalten oder weggeben musste.

Ich setzte mich mit einem Gutachter in Verbindung, der sich die Sachen anschaute, die ich loswerden wollte. Er gab eine Schätzung ab. Ich beschloss, einiges davon zu verkaufen. Danach lud ich Freunde und Nachbarn ein, bei mir vorbeizuschauen und zu sehen, ob sie etwas von meinen Sachen haben wollten. Anschließend erstellte ich Raum für Raum eine Liste mit allem, was noch übrig war, und notierte mir, was ich damit machen wollte. Neben »Stehlampe« schrieb ich: »Für Peter«, neben »Gemälde« »Für Tante Ellen«, Gegenstände, die ich niemandem zuordnen konnte, versah ich mit dem Vermerk: »Für eine gemeinnützige Organisation«.

Jetzt gab ich mir für jedes Zimmer eine Woche Zeit, um es leerzuräumen. Auf diese Weise hatte ich das Gefühl, die Verkleinerung meines Besitzstandes ohne Hast und in dem mir gemäßen Tempo vorzunehmen. Wenn ich mit einem Zimmer fertig war, gönnte ich mir eine wohlverdiente Pause. Für einige Bereiche des Hauses wie die Waschküche brauchte ich natürlich keine ganze Woche, aber so blieb mir mehr Zeit, andere Dinge zu erledigen, die mir meinen Abschied von dem Haus und dessen Verkauf erleichterten.

Döstädning in eigener Sache

Es wäre wirklich schön gewesen, wenn ich unser Haus gemeinsam mit meinem Mann hätte leerräumen können: Es war mein drittes *döstädning*. Aber er war ja nicht mehr da. Er war tot.

Meine Kinder kamen zur Beerdigung, doch das Haus leerzuräumen dauerte fast ein ganzes Jahr. Ich bewerkstelligte es ganz allein und folgte dabei einem gleichmäßigen Rhythmus. Gleichzeitig behielt ich im Kopf, dass sich meine Kinder zu bestimmten Gegenständen positiv geäußert hatten, um sie ihnen später zu geben. Andere Sachen, an denen niemandem lag, schaffte ich weg.

Wenn ich meine Kinder und ihre Ehepartner gebeten hätte, mir zu helfen, hätten sie mich gewiss nach Kräften unterstützt. Aber ich habe sie nicht gefragt. Drei meiner Kinder hatten zu diesem Zeitpunkt kleine Kinder und lebten und arbeiteten in den Vereinigten Staaten, in Afrika und Japan, weit entfernt von meinem kleinen Häuschen an der schwedischen Westküste. Ihren Besuch mit der ganzen

Familie und all ihrem Gepäck zu organisieren wäre viel zu aufwendig gewesen. Außerdem bitte ich nicht gern um Hilfe.

Dass ich mit all den Sachen, die unser gemeinsames Leben dokumentierten (fast fünfzig Jahre Höhen und ein paar Tiefen, fünf Kinder), nun allein dastand, gab mir ein Gefühl tiefer Einsamkeit. Mein Mann und ich hätten diese Aufgabe gemeinsam anpacken sollen, mit fünfundsechzig oder vielleicht noch früher, als wir noch kräftiger und bei besserer Gesundheit gewesen waren. Aber wir alle glauben ja, wir würden ewig leben. Plötzlich war der Mensch, der mir am nächsten stand, nicht mehr da.

Im Nachhinein denke ich, es war gut, dass ich es allein gemacht habe. So war es wohl einfacher für mich. Mit meinem Mann hätte es Jahre gedauert. Er neigte dazu, alles aufzuheben, die kleinste Schraube und den kleinsten Nagel. Er glaubte, manchmal zu Recht, dass man ihn eines Tages noch einmal brauchen könnte. Und wären meine Kinder gekommen, hätten sie alles aufheben wollen. Alles! Oder zumindest hätte jeder von ihnen eine andere Vorstellung davon gehabt, was man aufheben und was man wegwerfen sollte. Deshalb war es wohl wirklich am besten so. Wenn Ihre Kinder allerdings viel Zeit haben, sollten Sie sie unbedingt einbeziehen.

Wie man mit älteren Menschen über *döstädning* sprechen kann

In meiner Jugend galt es als ungehörig, im Beisein Älterer seine Ansichten zu äußern, auch im Beisein der eigenen Eltern. Besonders verpönt war es, wenn die Jüngeren ein Thema anschnitten, ohne dass man sie aufgefordert hatte, ihre Meinung zu sagen. Offenheit und Ehrlichkeit galten als unhöflich.

Deshalb hatten die Erwachsenen aus der Generation meiner Eltern und Großeltern auch nicht die leiseste Ahnung, was die jungen Leute überhaupt so dachten. Eltern und Kinder verstanden einander nicht so gut, wie es möglich gewesen wäre. Das war dumm und bedauerlich – eine verpasste Chance der Verständigung und Annäherung zwischen den Generationen. Auch über den Tod und die Vorbereitung auf den Tod wurde in der Regel nicht gesprochen.

Heute halten die meisten Menschen Ehrlichkeit für wichtiger als Höflichkeit. Am besten ist wohl eine Mischung aus beidem. Ich glaube nicht, dass die jüngeren Menschen heute noch so taktvoll und zurückhaltend sind, wie es in meiner Generation üblich war, und das hat durchaus sein Gutes, für beide Seiten. Takt kann sehr wichtig sein, um die Gefühle anderer Menschen nicht zu verletzen. Aber da wir früher oder später alle dem Tod ins Auge sehen müssen, ist taktvolle Zurückhaltung in Gesprächen, die zu führen wir alle früher oder später einen Weg finden müssen, vielleicht nicht angebracht.

Heutzutage können wir leichter zu unseren Eltern oder zu sonst jemandem sagen: Hör mal, was machst du eigentlich mit all deinen Sachen, wenn du keine Kraft oder kein Interesse mehr daran hast, dich weiter darum zu kümmern?

Viele erwachsene Kinder sind besorgt darüber, wie viel Besitz ihre Eltern im Laufe der Jahre angehäuft haben. Sie wissen, dass es am Ende an ihnen hängen bleibt, wenn ihre Eltern sich zu Lebzeiten nicht um ihren Kram kümmern.

Wenn Ihre Eltern langsam alt werden und Sie nicht wissen, wie Sie dieses Thema zur Sprache bringen sollen, würde ich Ihnen das Folgende empfehlen: Statten Sie ihnen einen Besuch ab, setzen Sie sich mit ihnen an den Tisch und stellen Sie sanft und behutsam einige der nachfolgenden Fragen, um auf *döstädning* zu sprechen zu kommen:

»Ihr habt so viele schöne Sachen, habt ihr schon einmal darüber nachgedacht, was ihr später einmal damit machen wollt?«

»Bereitet es euch wirklich Freude, all diese Sachen zu besitzen?«

»Wäre das Leben nicht einfacher und weniger anstrengend, wenn ihr einiges von dem weggebt, was ihr im Laufe der Jahre zusammengetragen habt?«

»Vielleicht könnten wir gemeinsam ein paar Sachen aussortieren, dann gäbe es später nicht mehr so viel, um das man sich kümmern muss?«

Alte Menschen sind oft recht wackelig auf den Beinen. Teppiche, Bücherstapel am Fußboden und herumliegende Gegenstände können Stolperfallen sein. Vielleicht gelingt es Ihnen, das Thema anzusprechen, indem Sie fragen, ob die Teppiche wirklich ungefährlich sind.

Vielleicht braucht man auch heute noch Taktgefühl, um diese Fragen möglichst behutsam und fürsorglich zu stellen. Vielleicht antworten Ihnen Ihre Eltern beim ersten oder zweiten Mal ausweichend, aber kommen Sie später trotzdem erneut darauf zurück. Wenn Ihre Eltern darüber nicht mit Ihnen reden können, lassen Sie ihnen Zeit zum Nachdenken und schneiden das Thema ein paar Wochen oder Monate später erneut an, vielleicht auf einem etwas anderen Weg.

Lassen Sie am Telefon eine Bemerkung fallen. Erwähnen Sie, dass Sie bestimmte Sachen aus ihrer Wohnung gern hätten, und fragen Sie, ob Sie sie gleich mitnehmen können. Womöglich sind Ihre Eltern froh, das eine oder andere loszuwerden, und stellen fest, wie vorteilhaft und entlastend es sein kann, den eigenen Besitzstand zu verkleinern.

Wenn Sie befürchten, unhöflich zu erscheinen, und Skrupel haben, Fragen zu stellen, die Ihren Eltern den Anstoß geben, ihre Angelegenheiten in Ordnung zu bringen, dürfen Sie sich nicht wundern, wenn am Ende alles an Ihnen hängenbleibt.

Für jeden gilt: Ein Mensch, der Sie liebt, möchte schöne Dinge von Ihnen erben, nicht Ihren *ganzen* Krempel.

Kannten die Wikinger das wahre Geheimnis des *döstädning*?

Manchmal denke ich, dass bei unseren Vorfahren, den Wikingern, das Leben und Sterben sehr viel einfacher war. Wenn sie ihre Verstorbenen beerdigten, legten sie ihnen eine Vielzahl von Gegenständen ins Grab und gaben ihnen alles mit, was man im Jenseits so brauchte. Den Toten sollte es in ihrer neuen Umgebung an nichts fehlen. Die Grabbeigaben waren für die Hinterbliebenen auch die Gewähr, nicht von den Geistern der Toten heimgesucht zu werden, deren persönliches Hab und Gut im Zelt oder in der Lehmhütte herumlag und permanent Erinnerungen weckte. Sehr klug!

Ist so etwas heute vorstellbar? Bei all dem Krempel, den wir durch unser Leben schleppen, müssten unsere Gräber so groß sein wie Fünfzigmeterbecken, damit alles darin Platz fände!

Zähle nur die glücklichen Stunden

In einem Lied, das Anni-Frid Lyngstad von ABBA sang, heißt es: »Zähle nur die glücklichen Stunden und vergiss die, die dir Kummer bereiten.« Es ist wichtig, sich Zeit für glückliche Momente zu nehmen, damit man später auf schöne Erinnerungen zurückgreifen kann.

Schweden hat eine lange Meeresküste, und Segeln ist bei uns sehr beliebt. Auch unsere Familie ging regelmäßig segeln und führte viele Diskussionen übers Segeln. Oft arteten unsere Mahlzeiten in regelrechte Segelregatten aus. Das Besteck verwandelte sich in unserer Phantasie in Segelboote. Gabeln und Löffel traten gegeneinander an, und der Senftopf wurde zur Wendeboje. Es war ein erbitterter Wettstreit, wer zuerst die Ziellinie zwischen Pfeffermühle und Salzstreuer erreichte.

Wir redeten über das letzte Segelrennen und lachten über unsere nautischen Defizite, und später, wenn wir an meinen Mann, den Vater der Kinder, dachten, kamen uns die Tränen.

Als ich mich auf meinen Umzug vorbereitete und anfing, unser Haus auszuräumen, fragte ich meine inzwischen erwachsenen Kinder, ob jemand von ihnen den Tisch haben wolle, an dem so viele dieser fiktiven Segelrennen stattgefunden hatten. Keiner hatte Interesse daran. In dem Moment, als ich dabei war, den Tisch zu verschenken, ergab es sich glücklicherweise, dass eines meiner Kinder in eine neue Wohnung umzog und den Tisch plötzlich doch brauchen konnte. Dort steht er bis heute. Die Vorstellung, dass sich mein Kind an die fröhlichen Segelregatten erinnern wird, die an diesem Tisch stattfanden, und vielleicht mit seinen eigenen Kindern neue erfindet, macht mich glücklich.

Der Tisch hätte aber auch in einer fremden Wohnung gute Dienste geleistet. Du kannst immer hoffen und warten, dass jemand kommt, der etwas aus deiner Wohnung haben will, aber du kannst nicht ewig warten. Manchmal muss man sich von liebgewonnenen Dingen trennen und kann nur hoffen, dass sie bei jemandem landen, der bald eigene schöne Erinnerungen damit verbindet.

Der kleine Optimist

Als unsere Kinder aus dem Haus waren, blieb das kleine Holzboot, mit dem sie segeln gelernt hatten, noch ein paar Jahre bei uns. Es stand niemandem im Weg, und wir wollten uns nicht von ihm trennen. Zum einen, weil so schöne Erinnerungen an unsere Segelabenteuer damit verbunden waren, zum anderen, weil uns die Vorstellung gefiel, eine neue Generation, die unserer Enkelkinder, könnte es benutzen. Kurzum, wir wollten das kleine Boot gern behalten.

In unserem Hinterhof stand eine typisch schwedische Scheune, rot, mit weißen Türen und weiß umrahmten Fenstern. Unter diesem Scheunendach hatte das Boot seinen Platz gefunden und wartete auf diese Enkelkinder. So ein Holzboot ist empfindlich, aber unsere Scheune war weder zu feucht noch zu trocken, und so konnte es in ihrem Schutz noch jahrelang geduldig warten.

Wie sich dann herausstellte, hatte keiner unserer Enkel besonderen Spaß am Segeln, und so verkauften wir das Boot schließlich. Ein trauriger Moment. Zwar haben alle unsere Enkelkinder Segelkurse gemacht, sie konnten sich aber nur für die Unterrichtsstunden begeistern, in denen sie lernten, was zu tun war, wenn ein Boot kenterte und sie im Wasser überleben mussten. Das war eine wichtige Lektion, aber der Segelunterricht selbst machte ihnen keinen Spaß und weckte keine Begeisterung.

Das Boot war eine sogenannte Optimisten-Jolle. Ein Boot für Anfänger. Selbst wenn es hätte reden können, hätte niemand ihm all seine Geschichten geglaubt: die Geschichten von Siegen und Niederlagen, von Meeren, Inseln und Fjorden, zu denen es seine Besitzer gebracht hatte.

Besonders lebhaft erinnere ich mich an eine Autofahrt nach Frankreich, wo wir an einem Segelwettbewerb teilnehmen wollten. Wir hatten unsere fünf Kinder dabei, dazu einen Freund von ihnen und vier kleine Optimisten-Jollen. Eine war auf dem Autodach, die anderen drei in einem Anhänger. Als wir die belgische Stadt Gent erreicht hatten, war es bereits dunkel, und wir fanden nicht den richtigen Weg, der uns an unser Ziel brachte.

Da entdeckten wir am Straßenrand einen Polizisten auf einem Motorrad. Mein Mann hielt an, kurbelte die Scheibe herunter und frage nach dem Weg.

Der Polizist schaute auf unseren Anhänger mit den drei Segelbooten, und dann entdeckte er die neugierigen Kinder im Auto. Er blies in seine Trillerpfeife, und im Handumdrehen waren drei weitere Polizisten auf Motorrädern zur Stelle. Zwei von ihnen fuhren voraus, zwei hinter uns her, und so wurden wir durch die ganze Stadt eskortiert. Können Sie sich vorstellen, wie aufgeregt wir waren? Ohne dieses kleine Boot (und seine Freunde) wäre das alles wohl nicht passiert.

Und deshalb fiel es uns verständlicherweise schwer, uns von dem Boot zu trennen. Allerdings haben wir gelernt, dass man nicht an Dingen hängen soll, die offenkundig niemand haben will.

Ein Frauenjob

Manchmal frage ich mich, wie Männer zurechtkommen, wenn sie Witwer werden. Die Männer meiner Generation kamen oft nur schwer zurecht, vor allem dann, wenn sie von ihrer Frau verwöhnt worden waren. Sie können kaum ein Ei kochen, geschweige denn, einen Knopf annähen. Mein Mann war imstande, die meisten kleinen Dinge des Alltags allein zu bewältigen. Er konnte einfache Gerichte zubereiten und nähen. Mein Vater, er war Arzt von Beruf, putzte und filetierte die Fische, die er gefangen hatte, nach allen Regeln der Kunst. Es sah fast so aus, als hätte er sie operiert. Seine Filets waren hundert Prozent grätenfrei! Aber konnte er sie auch zubereiten? Nein!

In früheren Zeiten war es für einen Witwer die beste Lösung, so schnell wie möglich eine neue Frau zu finden. Jemanden, der die Wäsche wusch und bügelte und den Mann vor dem drohenden Hungertod bewahrte.

Die nächste Generation von Männern wird, glaube ich, als Witwer besser zurechtkommen. Vielen jungen Männern in Schweden macht es Spaß, zu nähen und zu stricken, andere sind phantastische Köche und mischen Aromen, die wunderbar miteinander harmonieren. Und sie sind nicht so dumm, ihre Zeit mit Hemdenbügeln zu verschwenden, wenn sie über dem Hemd einen Pulli tragen – sie wissen, dass es nur auf Kragen und Manschetten ankommt. Wenn diese jüngere Generation älter wird, werden ihr diese Fertigkeiten von großem Nutzen sein.

Ich denke, dass *döstädning* traditionell gesehen eher ein Frauenjob ist. Frauen waren in der Vergangenheit für den Haushalt zuständig und lebten meistens länger als die Männer. Oft waren wir diejenigen, die hinter ihren Kindern und ihrem Mann aufgeräumt haben.

Die Frauen meiner Generation wurden dazu erzogen, nicht im Weg zu stehen und ihre Umgebung mit ihrer Anwesenheit nicht zu stören. Männer dagegen nahmen ganz selbstverständlich den Raum in Besitz, den man ihnen zugestand. Meine Tochter sagt manchmal, ich hätte eine solche Angst, anderen zur Last zu fallen, dass diese Angst selbst lästig sei. Männer denken nicht so wie ich, aber sie sollten es. Auch sie stehen manchmal im Weg.

Denken Sie auch an sich selbst

Während Sie damit beschäftigt sind, *döstädning* durchzuführen, sollten Sie nicht vergessen, Ihr gewohntes Leben weiterzuführen und sich um Haus und Garten zu kümmern, vor allem aber für sich selbst Sorge zu tragen.

Haben Sie den Entschluss gefasst, Ihren Hausrat zu verkleinern, ist es ratsam, nichts zu überstürzen. Nehmen Sie sich Zeit und bestimmen Sie ein Tempo, das Ihnen entspricht. Das Ausmisten ist eine spannende, manchmal aber auch anstrengende Tätigkeit, und Sie sollten nicht übertreiben.

Wenn Sie daran denken, wie viel Geld Sie sparen, wenn Sie die Aktion selbst durchführen, und wie groß die Zeitersparnis für Ihre Familie und Ihre Freunde sein wird, denen Sie diese Last nicht aufbürden, werden Sie das Gefühl haben, dass sich die Mühe wirklich lohnt.

Vielleicht stellen auch Sie – wie ich – fest, dass es in Ihrem Besitz viele wertvolle oder nützliche Dinge gibt, die Sie gern weitergeben, damit andere sie benutzen und sich an ihnen erfreuen können. Doch jetzt ist nicht der richtige Moment, sich in Erinnerungen zu verlieren. Nein, Sie müssen Ihre Zukunft planen, das hat jetzt Priorität. Freuen Sie sich auf ein sehr viel einfacheres und ruhigeres Leben – es wird Ihnen gefallen!

Betrachten Sie Ihre Aktion als eine ganz gewöhnliche, alltägliche Beschäftigung. Und vergessen Sie nicht, das zu tun, was Sie auch sonst immer gern getan haben: Freunde und Angehörige treffen, sich sozial engagieren, einen Spaziergang machen, Boule oder Karten spielen. Eine Freundin von mir beklagte sich einmal, es mache keinen Spaß mehr, Bridge zu spielen, wenn zwei der vier aus der Gruppe das Zeitliche gesegnet haben. Das ist natürlich traurig. Aber es ist auch nett, sich mit jungen Leuten zu treffen, denn sie wissen Ihre Freundschaft genauso zu schätzen wie Sie die ihre. Außerdem reden sie nicht die ganze Zeit über Krankheiten und andere deprimierende Dinge.

Wahrscheinlich werden Sie auch Zeit erübrigen müssen, um zum Optiker zu gehen, zum Zahnarzt oder zu Ihrem Hausarzt, wegen des wieder einmal fälligen Gesundheitschecks. Auch das nimmt Zeit in Anspruch.

Ich habe ein paar sehr interessante, lustige und

nette Menschen kennengelernt, als ich mit Auktionshäusern, Antiquitätenhändlern, Secondhand-Shops und Wohltätigkeitsorganisationen Kontakt aufgenommen habe.

Das Alter ist nichts für Schwächlinge. Sie sollten daher nicht zu lange warten, bevor Sie mit dem Ausmisten anfangen. Früher oder später werden Sie das eine oder andere Zipperlein bekommen, und dann werden Sie froh sein, wenn Sie nicht mehr so viel um die Ohren haben wie früher und einen Haufen Krempel los sind, der Sie nur unnötig belastet hat.

Manchmal vermisse ich meinen Garten wirklich sehr. Doch ich habe festgestellt, dass es sehr viel einfacher ist, sich an einem fremden Garten zu erfreuen. Und wenn jemand etwas übers Gärtnern erfahren möchte, braucht er nur zu fragen und zuzuhören. Das Wissen ist ja nicht verlorengegangen.

In eine kleinere Wohnung umziehen

Neulich las ich in einer Zeitung über eine Organisation, die älteren Menschen behilflich ist, ihren Besitzstand zu verkleinern und eine neue, kleinere Wohnung ganz nach ihren eigenen Vorstellungen einzurichten. Das klang nicht schlecht. Aber als ich sah, was für ein Stundenhonorar diese Leute verlangen, wurde mir angst und bang, wie hoch wohl die Gesamtrechnung sein würde. Ein sorgfältiges, behutsames *döstädning* dauert viele, viele Stunden.

Wenn man die Hilfe eines Experten in Anspruch nimmt, kann es leicht passieren, dass die Sache dermaßen schnell über die Bühne geht, dass Ihnen gar keine Zeit bleibt, alles in Ruhe zu erwägen und Ihr neues Zuhause zu planen. (Schließlich wollen Sie ja möglichst billig davonkommen.) Vergessen Sie nicht, dass Sie womöglich noch viele Lebensjahre vor sich haben. Das ist Grund genug, seine Sachen genau durchzusehen und zu überlegen, welche Möbel, Textilien, Bücher, Gemälde oder Lampen man gern behalten möchte.

Es gibt verschiedene Wege, dies zu bewerkstelligen. Vielleicht kennen Sie ja bereits eine gute Methode. Wenn nicht, möchte ich Ihnen darlegen, wie ich vorgegangen bin, um mir die Verkleinerung meines Hausstands so leicht wie möglich zu machen.

Ich habe jedem Zimmer und jedem Bereich im Haus einen Namen gegeben und auf einen Zettel notiert und dann Spalten gemacht mit Überschriften wie »Verschenken«, »Wegwerfen«, »Dalassen«, »Mitnehmen«. Das hat mir geholfen, nichts zu vergessen, als die verschiedenen Hilfsorganisationen (der Seniorenverband, das Rote Kreuz und so weiter) anrückten, um Sachen abzuholen.

Als mein Haus dann verkauft wurde, stellte sich heraus, dass die neuen Besitzer ein paar meiner Möbelstücke behalten und sie mir abkaufen wollten. Diese Objekte trug ich unter der Rubrik »Dalassen« ein und versah jedes von ihnen mit einem Zettel, auf den ich in dicken roten Buchstaben noch einmal »Dalassen« schrieb.

Wenig später fand ich eine Zweizimmerwohnung in einer anderen Stadt, die ich von früher sehr gut kannte. Hier lebten zwei meiner Kinder, und hier hatte ich auch noch ein paar Freunde. Ich plante nicht, den Umzug selbst durchzuführen, zu packen und Kartons zu schleppen. Deshalb war es jetzt an der Zeit, mir von mindestens zwei verschiedenen Umzugsfirmen schriftliche Angebote einzuholen. Doch bevor ich mich für eine davon entschied, wollte ich noch ein paar weitere Vorbereitungen treffen.

Die neue Wohnung ausmessen

Bevor ich die Umzugsfirma beauftragte, suchte ich meine neue Wohnung auf und vermaß sorgfältig jeden Raum. Der Grundriss, den man vom Makler bekommt, enthält ja selten die präzisen Maßangaben, aber sie sind extrem wichtig. Stellen Sie sich vor, die Möbelpacker haben eine große Kommode die Treppe hochgetragen, und dann stellt sich heraus, dass sie fünf Zentimeter zu breit ist. Das wäre eine enorme Zeitverschwendung und sehr ärgerlich, für Sie wie für die Möbelpacker.

Also kaufte ich einen großen Block Millimeterpapier und zeichnete den Grundriss meiner neuen Zweizimmerwohnung darauf ein. Ich maß auch die Möbel ab, die, wie ich hoffte, in diese kleinere Wohnung passen würden, und zeichnete sie in Form von Quadraten und Rechtecken auf einen weiteren Bogen Millimeterpapier. Ich versah sie mit ihren Namen, um später zu wissen, was für ein Möbelstück es war, dann schnitt ich sie aus.

Nun war es ein Kinderspiel, die Zimmer meiner

neuen Wohnung einzurichten, denn ich konnte die Quadrate und Rechtecke auf dem Grundriss beliebig hin und her schieben. Natürlich reichte der Platz nicht für alle Papiermöbel, die ich ausgeschnitten hatte, aber das Wichtigste war herauszufinden, welche von den Möbeln, die ich in die neue Wohnung mitnehmen wollte, überhaupt hineinpassten.

Mit den Einrichtungsgegenständen, für die ich keinen Platz hatte, verfuhr ich genauso wie mit allen anderen Sachen, die ich schon zuvor weggegeben hatte. Zuerst fragte ich meine Kinder, ob sie sie haben wollten, dann Freunde und Nachbarn und so weiter.

Am Tag vor dem Umzug vergewisserte ich mich ein letztes Mal, dass die Sachen, die ich mitnehmen wollte, mit den richtigen Zetteln versehen waren, damit die Möbelpacker keine Sachen abtransportierten, die ich gar nicht brauchte und die nicht in meine neue Wohnung passten. Das war genauso wichtig wie die Änderung meiner Postanschrift und die Ummeldung von Strom und Wasser auf den neuen Hausbesitzer.

Der Umzug selbst war einfach, weil ich genau wusste, was wohin kam, und weil ich sicher war, dass es passte. Ich war sehr glücklich darüber und froh, dass ich niemanden bitten musste, mir nach meinem Einzug beim Verrücken der Möbel zu helfen.

Zu Hause

Es ist jetzt zehn Jahre her, dass ich von der schwedischen Westküste nach Stockholm gezogen bin. Es war richtig, nichts zu überstürzen. Ich habe mir die Zeit genommen, meinen Umzug gut zu planen und mir genau zu überlegen, wie ich meine Zukunft gestalten wollte.

Das Haus, in dem ich heute wohne, hat einen schönen begrünten Innenhof mit Bäumen, Sträuchern und Blumen. Es verfügt über einen Sitzbereich, einen Kinderspielplatz, Fahrradständer, eine Parkgarage, ein Gästeapartment, das man für ein paar Tage günstig mieten kann, eine gut ausgestattete Waschküche und eine bequeme Anbindung an die öffentlichen Verkehrsmittel. Bevor man eine neue Wohnung kauft oder mietet, sollte man sich genau überlegen, welche Ansprüche man hat und auf welchen Komfort man keinesfalls verzichten möchte.

Ich glaube nicht, dass ich in meinem Leben noch einmal umziehen werde, aber ich bin in einem Alter zwischen achtzig und hundert Jahren, und da kann es nicht schaden, erneut eine Bestandsaufnahme all der Sachen zu machen, die ich besitze. Ich habe viel zu viele Kleider und viel zu viele Bücher, und ich brauche auch keine sechzehn Teller, wenn an meinem Tisch nur sechs Personen Platz haben. Auch die Anzahl der Tischdecken und Servietten könnte ich noch verringern.

Ich habe mir einen kleinen bedienungsfreundlichen Papierschredder zugelegt. Ich freue mich darauf, alte Briefe wiederzulesen und Schriftstücke zu sichten, die nicht mehr von Bedeutung sind: den Briefwechsel bezüglich einer Firma, die mein Mann und ich einst führten, Unterlagen zu Finanz- und Banktransaktionen und jede Menge längst bezahlte Rechnungen mit angetackerten Quittungen. Wenn mir im Zuge des *döstädning* eines klargeworden ist, dann, wie sehr ich Heftklammern hasse.

Mein Mann war ein ausgesprochen ordentlicher Mensch. Das war damals sehr praktisch, jetzt aber sind diese Heftklammern ein Problem, denn ich muss diese fiesen kleinen Metalldinger einzeln entfernen, damit sie meinen wertvollen Schredder nicht kaputtmachen. Tesafilm hätte mir mein jetziges Leben sehr erleichtert. Denken Sie daran, wenn Sie demnächst Papier tackern.

Ein paar Überlegungen zum Anhäufen von Sachen

Ich habe mein Leben lang gemalt. Glücklicherweise gehört es zum Künstlersein, dass man imstande ist, sich von seinen Bildern zu trennen. Ich habe meine Gemälde sukzessive verkauft oder verschenkt, im selben Takt, in dem ich sie gemalt habe. Als ich dann meinen Lebensstil vereinfachen musste, stellte ich fest, dass ich etliche Gemälde besaß, die ich aufgehoben hatte, weil ich mit ihnen nicht zufrieden war und irgendwann weiter daran arbeiten wollte. In meiner neuen Wohnung ist jedoch kein Platz mehr für diese Bilder, deshalb habe ich sie entsorgt – ich habe sie ins Feuer geworfen.

Vielleicht ist die Tatsache, dass ich meine Kunstwerke immer sofort weggegeben habe, mit dafür verantwortlich, dass ich relativ unsentimental bin, wenn es darum geht, auch andere Sachen wegzugeben.

Es ist erstaunlich und auch ein wenig befremdlich, wie viele Dinge wir im Laufe unseres Lebens anhäufen.

Moderne Küchengeräte wie Espressomaschinen, Hochgeschwindigkeitsmixer, Universalküchengeräte, Multifunktionspfannen und Kombidämpfer haben in unsere Küchen Einzug gehalten, während die guten alten Kaffeefilter, Schneebesen und Pfannen immer noch in unseren Schränken stehen. Im Bad häufen sich die längst aus der Mode gekommenen Lidschatten der letzten zehn Jahre und die Fläschchen mit Nagellack, der in der vergangenen und vorvergangenen Saison im Trend lag. Die Arzneischränke sind oft voll mit trendigen Vitaminkapseln, die keiner mehr schluckt, und mit Pillen und Salben, die ihr Verfallsdatum längst überschritten haben. Sogar Tischdecken und Bettwäsche folgen der Mode. Wir schaffen uns ständig neue an, obwohl die alten noch völlig in Ordnung sind.

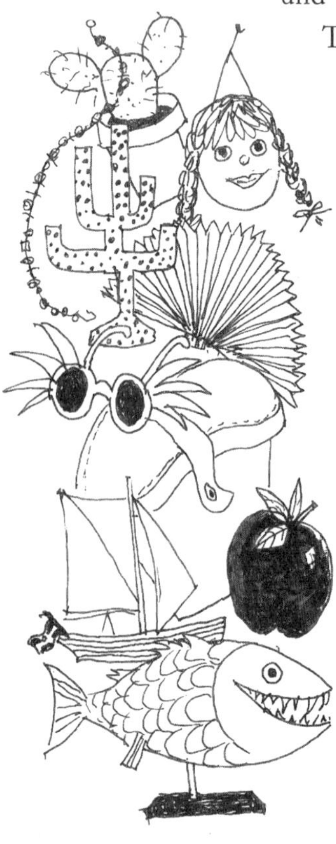

Der im vergangenen Jahr angesagte Kolonialstil mit Möbeln aus dunklem Holz oder Bambus weicht im neuen Jahr einem schlichten weißen skandinavischen Minimalismus mit geraden, schnörkellosen Linien. Wenn wir da nicht mitmachen, haben wir das Gefühl, nicht länger in unserer Wohnung leben zu können. Das ist zwar eine grandiose Verschwendung, aber es wäre kein gravierendes Problem, wenn wir die Sachen vom Vorjahr ausrangieren würden, bevor wir uns neue kaufen.

Der irrwitzige Konsum, dem sich kaum jemand von uns entziehen kann, wird letzten Endes unseren Planeten zerstören, aber er muss nicht die zwischenmenschlichen Beziehungen zerstören: unsere Beziehungen zu denen, die wir nach unserem Tod zurücklassen.

Wer in einer großen Stadt lebt, in der die Leute ihre Küchen- und Badezimmereinrichtung so oft zu entsorgen scheinen wie ich einen abgetragenen Pulli, sieht auf dem Gehsteig oft riesige Container mit herausgerissenen Badewannen, Waschbecken und Toiletten. Wenn dann ein neuer Besitzer kommt, der der Wohnung seinen Stempel aufdrücken will, reißt er erneut alles heraus, manchmal schon nach ein, zwei Jahren!

Wenn man ein Alter zwischen achtzig und hundert Jahren erreicht hat, fehlt es einem zumeist an Lust und Energie, solche aufwendigen Renovierungsarbeiten durchzuführen. Das ist ein weiterer Vorteil des Ausmistens in dieser späten Lebensphase: Man macht sich mehr Gedanken darüber, was wiederverwendet oder recycelt werden kann und wie man seinen Lebensstil minimieren oder sich zumindest ein wenig einschränken kann. Auf nicht ganz so großem Fuß zu leben ist eine Erleichterung.

Kleidung

Mit dem Alter ändert sich auch der Lebensstil, denn bestimmte Kleidungsstücke braucht man schlicht und einfach nicht mehr. Einen Skianzug, Ballettröckchen und -schuhe oder einen Taucheranzug werden Sie leichten Herzens verkaufen, wenn Sie sich klarmachen, dass Sie diese Sachen wahrscheinlich niemals wieder benutzen werden.

Ich bin an einem herrlich sonnigen Wintertag im Bikini Ski gefahren. Es ist schon merkwürdig, wenn man bedenkt, dass ein Badeanzug in den Alpen nützlich sein kann, Skistiefel beim Schwimmen dagegen eher nicht. Was also sollte man behalten, wenn man alt wird? Natürlich den Badeanzug.

Wir kaufen uns ständig neue Sachen zum Anziehen, egal, wie alt wir sind. Nicht, weil wir sie brauchen, sondern weil uns ein neues Kleidungsstück ein kurzfristiges

Glücksgefühl verschafft. Wir fühlen uns schöner, attraktiver und lieben die Vorstellung, dass unser neues Outfit uns wunderbar kleidet!

Männer in meinem Alter haben nicht wirklich das Problem, dass sie zu viel zum Anziehen besitzen. Sie tragen eher einen Einheitslook. Junge Männer heutzutage dagegen scheinen sich stärker für Kleidung und Mode zu interessieren. Deshalb werden auch sie irgendwann einmal vor dem Problem stehen, ihren Kleiderschrank ausmisten zu müssen.

Mir ist aufgefallen, dass heutzutage kein Mensch mehr Kleidungsstücke auszubessern scheint und dass die teuersten Hosen diejenigen mit Löchern und Flicken sind. Vielleicht ist es an der Zeit, dass jüngere Generationen lernen, wie man stopft und flickt. Das wäre gut für unseren Planeten. Secondhand-Boutiquen schießen heute überall wie Pilze aus dem Boden. Das finde ich wunderbar! Man spricht von Vintage wie bei einem erlesenen Wein. Doch wie würden Sie reagieren, wenn einer Ihrer weiblichen Partygäste in einem Kleid auftaucht, das einmal Ihnen gehört hat? An diesen Gedanken muss ich mich, ehrlich gesagt, erst gewöhnen, und ich weiß nicht, wie ich reagieren würde, wenn mir das eines Tages passieren würde.

Ich war kürzlich auf einer Party mit jungen Leuten. Ein Mädchen in einem sehr hübschen Kleid kam herein. Ich machte ihr ein Kompliment, und sie war wahnsinnig stolz darauf, dass sie das Kleid im Secondhand-Laden gekauft hatte – fast als wäre es von Dior. Vielleicht ändert sich die Gesellschaft, und es gibt doch noch Hoffnung für unseren Planeten!

Kinderkleidung

Als ich klein war, das ist schon lange her, hatten wir eine Näherin. Das war damals ganz normal. Ihre Aufgabe war es, meine Kleider und die meiner Schwester zu ändern und manchmal zu modernisieren. Frau Andersson kam morgens in aller Frühe zu uns nach Hause, um unsere Maße zu nehmen, bevor wir in die Schule

gingen. Vor jedem jahreszeitlichen Wechsel kam sie für ein paar Tage zu uns und überholte und erneuerte unsere Garderobe.

Ich habe für meine eigenen Kinder viele Sachen genäht und im Winter viele Hosenböden geflickt, wenn meine Kinder keinen Pappkarton fanden, auf dem sie den verschneiten Hang hinunterrutschen konnten.

Von manchen Kinderklamotten kann man sich nur schwer trennen. Bei mir liegt es daran, dass sie so niedlich sind und es mir Spaß macht, einem fast zwei Meter großen jungen Mann ein kleines Kinderhemd zu zeigen und zu sagen: Das war mal deines.

Wenn dieser zwei Meter große junge Mann einmal Vater wird, freut es ihn vielleicht, sein Kind in einem Kleidungsstück zu sehen, das er im selben Alter getragen hat. Kinderkleidung war früher von besserer Qualität als heute. Ich weiß noch, wie meine Mutter für meine Kinder Babykleidung genäht hat. Sie nahm dafür einen weichen Stoff, aus dem Taschentücher genäht wurden, und stülpte die Nähte nach außen, damit die zarte Babyhaut nicht gereizt wurde. Ich hatte einige dieser Sachen in einer Kiste auf dem Dachboden für meine Enkelkinder aufbewahrt. Als dann die Enkelkinder ausblieben, trug ich die Kiste herunter und erinnerte meine faulen Kinder an das, was ich wollte. Und es hat funktioniert. Ich habe heute acht Enkelkinder. Und keine Babykleidung mehr auf dem Dachboden.

Wenn die Kleinen in der Familie die Sachen nicht

mehr brauchen, gibt man sie am besten einer Wohltätigkeitsorganisation.

Bücher

In unserer Familie wurden schon immer gern Bücher gelesen und aufbewahrt. Weihnachten ohne ein Buch auf dem Gabentisch ist eine Enttäuschung.

Bücher sind im Allgemeinen schwer weiterzuverkaufen. Ich würde Ihnen empfehlen, Angehörige und Freunde einzuladen, damit sie sich von Ihren Büchern, die Sie nicht länger behalten wollen, welche aussuchen können. Manche Bücher sind mit handschriftlichen Widmungen und Einträgen von Leuten versehen, die man kennt. An diesen Büchern hängt man oft ganz besonders, aus sentimentalen Gründen. Ich würde sie ein letztes Mal durchblättern und dann weggeben. Wenn ich gebrauchte Bücher kaufe, suche ich oft nach solchen Einträgen ihrer früheren Besitzer. Ich kenne diese Menschen zwar nicht, aber für mich erhält ein Buch durch solche handschriftlichen Zusätze einen besonderen Charakter. Scheuen Sie sich also nicht, solche Bücher weiterzugeben.

Wenn Sie mehrere Bücher zu einem bestimmten Thema haben – Kunstbände, Garten- oder Kochbücher, wissenschaftliche oder, wie in meinem Fall, nautische

Literatur – ist es einfacher, jemanden zu finden, der Ihnen alle auf einmal abnimmt.

Neben Büchern zum Lesen und Schmökern stand früher in den meisten schwedischen Haushalten eine Enzyklopädie im Regal. Heute, im Zeitalter des Internet, hat sich das geändert. Ich hatte nicht das Bedürfnis, geschweige denn den Platz, meine Enzyklopädie in die neue Wohnung mitzunehmen. Vor meinem Umzug rief ich daher bei der nächstgelegenen Schule an, und die freuten sich über diese – ich glaube, es waren achtundzwanzig – dicken schweren Bände. Ich war so froh darüber, dass ich ihnen auch gleich noch das passende Regal mitgab.

Ich behalte nur Bücher, die ich noch nicht gelesen habe oder die ich immer wieder zur Hand nehme. Das sind vorwiegend Kunstbücher, aber auch Nachschlagewerke wie ein Wörterbuch, ein Synonymlexikon oder ein Atlas.

Als ich vor meinem Umzug aussortierte, waren in der Kategorie Bücher die Bibeln das größte Problem. Ich rief bei der örtlichen Kirchengemeinde an, aber dort wollte man keine weiteren Bibeln,

nicht einmal die alten, ledergebundenen Ausgaben. Und sie hatten auch keine Idee, was ich mit diesen Bänden machen sollte. Zwei habe ich behalten – jemand hatte auf die Umschlaginnenseiten die Geburts- und Todesdaten von längst verstorbenen Mitgliedern meiner Familie und der Familie meines Mannes geschrieben. Die anderen Bibeln habe ich schweren Herzens weggeworfen. Ich weiß nicht, warum es mir derart widerstrebte. Wahrscheinlich deshalb, weil sie für Menschen wichtig waren, die mit mir verwandt sind (auch wenn ich sie nicht gekannt habe). Bibeln genossen hohe Wertschätzung zu einer Zeit, in der Bücher allgemein ihren Besitzern noch etwas bedeuteten – das war lange, bevor Harry Potter und andere Bestseller geschrieben wurden.

In Stockholm, wo ich heute lebe, findet alljährlich am 14. August ein großer Bücherverkauf statt. Auf einer langen Straße im Zentrum der Stadt werden Tische aufgestellt mit Büchern, die von ihren Besitzern feilgeboten werden. Das ist eine phantastische Gelegenheit, ein paar Bücher loszuwerden – oder sich noch ein paar mehr zuzulegen. Wenn es in Ihrer Stadt so etwas noch nicht gibt, helfen Sie mit, es auf die Beine zu stellen.

Die Küche

Eine meiner Töchter hat in ihrer Küche ein Schild mit der Aufschrift »Ich kann besser küssen als kochen!« Das ist eine Information für die Gäste und eine faire Warnung, dass man sich auf einen Abend voller guter, aber auch schlechter Überraschungen gefasst machen sollte. Ich koche gern, obwohl ich natürlich alles andere als eine Sterneköchin bin. Aber ich habe im Laufe meines Lebens alle möglichen Küchenutensilien zusammengetragen und muss mir jetzt überlegen, was ich damit mache.

Während unserer Jahre in Asien kaufte ich Küchenutensilien, die praktisch und schön waren – und ganz anders als alles, was ich bis dahin kannte. Porzellanlöffel zum Beispiel, um heiße Suppe zu essen, ohne sich den Mund zu verbrennen. Oder große Schöpfkellen aus Kokosnussschalen, optimal für Suppen, Eintöpfe und Salat. Ich besitze auch ein kleines Teesieb aus geflochtenem Bambus, das viel zu fragil und hübsch ist, um es jeden Tag zu benutzen. Es ist jedoch gut durchdacht und schön gestaltet.

Das alles sind Utensilien, die auch nach über zwanzig Jahren noch gut aussehen. Für diese kleinen Dinge findet man leicht einen Abnehmer.

Aber ich besaß auch einen großen Wok! Er war aus sehr dünnem Blech, schwarz wie die Sünde, und man konnte mit ihm wunderbar braten und kochen, vor allem asiatische Gerichte. Ein solcher Wok muss wie ein Baby behandelt und nach jedem Gebrauch gründlich gereinigt und getrocknet und manchmal, besonders bei hoher Luftfeuchtigkeit, mit etwas Öl eingerieben werden, damit er nicht rostet.

In Singapur war ich einmal zu einer Teeparty eingeladen. Jeder Gast sollte mit einem Hut erscheinen, das war obligatorisch! Ich hatte seit zwanzig Jahren keinen Hut mehr getragen und besaß nichts dergleichen, daher wusste ich nicht, was ich machen sollte.

Mein Blick fiel auf meinen Wok, der an einem Nagel über dem Gasherd hing. Ich setzte ihn mir auf den Kopf, befestigte auf der Vorderseite mit Tesafilm

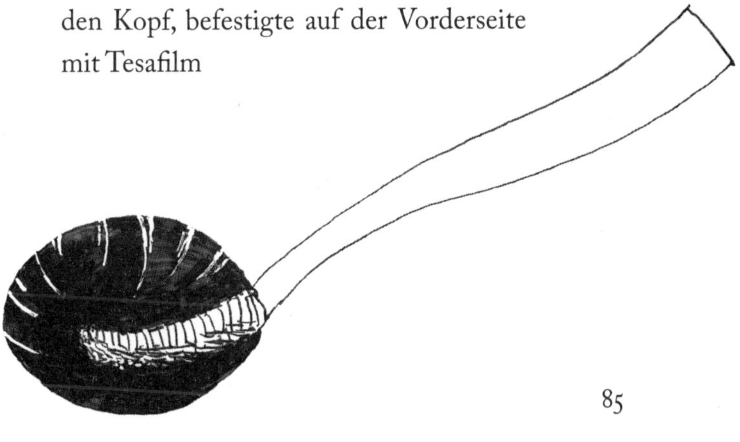

eine Orchidee zur Dekoration und band ihn mit einer groben Haushaltsschnur unterm Kinn fest. Und ob Sie es glauben oder nicht: Ich habe damit den ersten Preis gewonnen und wurde mit einem wunderschönen Parfümflakon von Schiaparelli prämiert, mit dem Duft »Shocking«. Wow!

Einer meiner Söhne und seine Familie übernahmen den Wok mit Freude. Sie kochen gerne, und die Gerichte, die in diesem Wok zubereitet werden, haben, so stelle ich mir vor, ein ganz besonderes Aroma. Außerdem besitzen mein Sohn und seine Familie einen Gasherd und haben obendrein die Möglichkeit, den Wok so zu benutzen, wie es gedacht ist: über offenem Feuer, in ihrem Fall im Garten. Unter diesen Umständen fiel es mir leicht, meinen kostbaren Wok an ihn weiterzugeben. Man sollte sich also sehr genau überlegen, wo ein Gegenstand ein neues Zuhause finden könnte. Bieten Sie keine Sachen an, die dem Geschmack des Empfängers nicht entsprechen oder nicht in seine Wohnung passen. Solche Geschenke sind für den Beschenkten nur eine Belastung, und wenn er Angst hat, Ihre Gefühle zu verletzen, fällt es ihm womöglich schwer zu sagen: »Nein, danke.«

Wenn Sie etwas nicht verkaufen, an eine Wohltätigkeitsorganisation geben oder einfach wegwerfen, sondern verschenken wollen, wird Bedachtsamkeit bei der Auswahl des Empfängers nicht nur den Beschenkten, sondern auch Sie glücklich machen. Es ist ein schönes Gefühl zu wissen, dass etwas bei jemandem in guten Händen ist und Freude bereitet.

Wie viel Geschirr und Besteck man nach dem *döstädning* behalten sollte, hängt entscheidend davon ab, ob man in eine kleinere Wohnung mit weniger Stauraum umzieht oder ob man in seiner alten Wohnung bleibt, allerdings mit viel mehr Tellern, Gläsern, Tassen und Besteck, als man jemals benutzen kann.

Wenn Sie auch in Zukunft Leute zum Essen einladen wollen, würde ich Ihnen vorschlagen, die Menge des Geschirrs auf die Anzahl der Gäste zu beschränken, die an Ihrem Esstisch Platz finden. Das gilt auch für Messer, Gabeln und Löffel, für Gläser und Tassen. Als Tischschmuck empfehle ich Blumen und bunte Papierservietten anstelle von bunt gemusterten, vielfarbigen Tellern und Stoffservietten.

Ich habe bis heute ein paar wunderschöne Porzellanteller aus Japan in Gebrauch, die ich später einmal meinen Kindern geben werde. Einfache Teller und überzählige Gläser habe ich einer Wohltätigkeitsorganisation überlassen.

Kochbücher und Familienrezepte

Als ich noch eine große Küche hatte, stand ein Bücherregal mit Kochbüchern darin. Wenn ich heute ein Rezept suche, benutze ich meistens das Internet. Ich gebe bei Google den Namen des Gerichts ein, das ich kochen möchte, und bekomme sofort mehrere Rezepte, dazu Fotos, von denen eines verführerischer ist als das andere. Toll!

Jetzt besitze ich nur noch zwei richtige Kochbücher. Damit meine ich Bücher, die man in der Hand halten und durchblättern kann, um zu überlegen, was man kochen könnte. Eines habe ich im Laufe der Jahre selbst zusammengestellt. Es enthält Rezepte von Freunden und Verwandten und solche, die ich aus der Zeitung ausgeschnitten habe. Die meisten habe ich im Laufe der Zeit aussortiert: die zeitaufwendigen Rezepte und die Kuchen- und Plätzchenrezepte. Es macht mir keinen Spaß mehr, stundenlang in der Küche zu stehen. Ich bin kein Krümelmonster und mag Kekse nicht besonders – obwohl natürlich die Kinder meine Kekse geliebt haben.

Ein paar echte Perlen habe ich trotzdem behalten: das Rezept für den Hackbraten meiner Mutter, für die Gaffelkakor meiner Schwiegermutter (Kekse aus Mürbeteig mit dem Muster einer in den Teig gedrückten Gabel), für die süßsauer eingelegten Hagebutten meiner Nachbarin Andrea und ein paar weitere meiner Lieblingsspeisen. Sie könnten auch für andere interessant sein, weil die Rezepte nicht so leicht zu finden sind und die Sachen so köstlich schmecken. Und bei meinen Kindern wecken sie vielleicht Erinnerungen, die sie in ihrer eigenen Küche beschwören möchten.

Drei dieser Rezepte habe ich vor vielen Jahren in der Küchenschublade meines Vaters gefunden. Sie waren in einer sauberen Handschrift geschrieben und stammten von der Köchin meiner Eltern, die mit uns lebte. Als ich klein war, durfte ich in der Küche sitzen und ihr beim Backen zuschauen. Diese herzensgute Frau verwöhnte mich mit Rosinen, vielleicht, damit ich Ruhe gab, wenn auch nur für einen Augenblick. Es sind Rezepte für eingelegte Gurken, Bratheringe und französische Steaks. Für alle anderen Gerichte, die unsere Köchin für uns zubereitete, hatte sie die Rezepte im Kopf.

Das zweite Kochbuch, das ich aufbewahrt habe, ein ziemlich zerschlissenes Exemplar, habe ich aus

Singapur, wo wir sechs Jahre lebten, mit nach Schweden gebracht. Meine Freunde und ich haben Rezepte zusammengetragen und daraus ein Kochbuch gestaltet, das wir für wohltätige Zwecke verkauften. Es enthält Rezepte von Frauen – und einem einzigen Mann – aus der ganzen Welt: Ceviche aus Südamerika, Lammcurry aus Malaysia, einen Kuchen aus der schwedischen Provinz Värmland und die Anleitung zum Mixen eines Singapore Sling. Für mich schmeckt dieser Cocktail wie aus allem zusammengepantscht, was die Speisekammer hergibt, aber er passt ganz gut in das breit gefächerte Geschmacksspektrum dieses Kochbuchs.

Unser Kochbuch enthält auch ein Rezept für mexikanische Kekse, tschechisches Roggenbrot und vieles mehr. Die meisten, die ein Rezept beigesteuert haben, luden oft Gäste zu sich nach Hause ein und waren offenkundig stolz darauf, eine Spezialität aus ihrer Heimat beisteuern zu können. Daher der erstaunliche Reichtum und die Vielfalt an Rezepten. Wenn ich es durchblättere, begebe ich mich jedes Mal auf eine kulinarische Weltreise. Ich lasse Erinnerungen an die vielen faszinierenden Leute lebendig werden, die ich damals kennengelernt habe.

Als wir schließlich in die westschwedische Küstenprovinz Bohuslän zurückkehrten, aus der ich stamme, spielte ich mit dem Gedanken, traditionelle Rezepte zu sammeln, die die Frauen dieser Region über Jahre, Jahrzehnte und vielleicht Jahrhunderte bewahrten und wie einen Schatz hüteten: wohlschmeckende Gerichte mit einheimischen Zutaten, die in ihrer Familie schon seit Generationen zubereitet werden. Ich bezweifle, dass meine Zeit dafür noch reichen wird, aber vielleicht greift ein Leser dieses Buches die Anregung auf und macht sich ans Werk. Er sollte jedoch keine Zeit verlieren, denn viele dieser Frauen sind noch älter als ich.

Es ist mir nicht schwergefallen, meine Kochbücher wegzugeben, so hilfreich sie mir in all den Jahren auch waren. Was ich behalten will, sind meine persönlichen Rezepte für Gerichte, die ich auch in Zukunft genießen möchte, und die mit ihnen verbundenen Geschichten.

Ein paar Jahre lang wohnte in Bohuslän im Haus nebenan Andrea, die überaus patente Witwe eines Fischers, die eine gute und liebe Freundin wurde. Ich habe einmal ein Bild von ihr gemalt, das auch einen blühenden Hartriegelbaum zeigt. Der Baum erinnert an eine Magnolie, ist aber größer und blüht über und über. Er ist stark und schön. Wie Andrea. Sie kannte viele wunderbare Rezepte, und einige möchte ich mit Ihnen teilen: süßsauer eingelegte Hagebutten, Rote-

Bete-Sherry und den klassischen Schichtkäse aus Bohuslän.

Süßsauer eingelegte Hagebutten

1 kg Hagebutten
600 ml Wasser
150 ml Weißweinessig
500 g Zucker
5–10 Nelken
1 Zimtstange, zerdrückt

Die Hagebutten halbieren und das Innere mit einem kleinen Löffel herauskratzen. Wasser, Zucker und Gewürze erhitzen. Wenn die Mischung anfängt zu kochen, die sorgfältig geputzten Hagebutten zugeben und weiterkochen, bis die Beeren weich sind. In Gläser füllen und verschließen. Muss nicht kühl gelagert werden.

Rote-Bete-Sherry

4 l Wasser
1 kg Rote Bete
2 kg Zucker
250 g Rosinen
26 g Hefe
2 Scheiben Roggenbrot
(oder anderes Brot, aber kein Weißbrot)

Die geschälten Rote Beten im Wasser kochen, bis sie weich sind. Das Kochwasser in eine Schüssel gießen. Zucker und Rosinen zugeben. Die Hefe auf die Brotscheiben streichen, wie man ein Sandwich buttert. Die Brotscheiben auf die Rote-Bete-Flüssigkeit legen. Zudecken und einen Monat stehen lassen. Ab und zu umrühren (etwa einmal die Woche). Abseihen und in Flaschen füllen. Wohl bekomm's!

Schichtkäse aus Bohuslän

4 l Milch
600 ml Sahne
400 ml Buttermilch
8–10 Eier
50 g Zucker

Alle Zutaten in einem großen Topf vermischen. Langsam erhitzen, dabei mit einem breiten Holzlöffel ständig rühren. Nicht kochen lassen und die Masse im Auge behalten. Wenn sie anfängt zu stocken, den Topf vom Herd nehmen und fünf bis zehn Minuten ruhen lassen. Erneut erhitzen, aber nicht kochen!
Die Masse mit einem fein gelochten Schaumlöffel in eine Käse- oder Kuchenform schöpfen. Die Form sollte kleine Löcher haben, damit die Flüssigkeit ablaufen kann. Ein wenig Zucker zwischen die Schichten streuen. Man kann den Zucker aber auch weglassen. Vier Stunden ruhen lassen.
Ungezuckert genießt man die Masse mit eingelegtem Hering oder mit Räucherlachs. Als Dessert schmeckt sie besonders gut mit Brombeermarmelade.

Eines Nachmittags lud Andrea mich zu sich ein, um ihren Rote-Bete-Sherry zu kosten. Er hatte eine herrliche Bernsteinfarbe und schmeckte so weich und warm, einfach wunderbar. An jenem Tag erzählte sie mir von einem Brauch der Fischerwitwen, an dem auch sie festgehalten hatte. Nach dem Tod ihres Mannes brachte sie jeden Morgen einen Rest Haferbrei vom Frühstück zum Kai hinunter, an die Stelle, wo sein Fischerboot vertäut gewesen war. Es dauerte keine Sekunde, bis eine Möwe heranflog und den Brei fraß. Der Vogel, sagte Andrea, sei der Geist ihres verstorbenen Mannes gewesen. Daran muss ich jedes Mal denken, wenn ich eine Möwe sehe.

Mein Mann wurde an einem strahlenden Frühsommertag beerdigt. Die Mädchen, seine Enkelinnen, wirkten so ernst in ihren bunten Kleidchen. Die Jungs kletterten auf ein Friedhofsmäuerchen und balancierten darauf. Jemand rezitierte ein Gedicht des schwedischen Romanciers und Lyrikers Frans G. Bengtsson, den mein Mann sehr gemocht hatte. Das Gedicht »Eine Gazelle« endet mit den Versen:

Die Möwe weiß, wie man Ruhe finden kann.
Das menschliche Herz, auf Erden, weiß es noch nicht.

Genau in diesem Augenblick trippelte auf dem Kiesweg neben dem Grab meines Mannes eine junge Möwe entlang. Ich musste unwillkürlich lächeln.

Krempel, Krempel und noch mehr Krempel

Schöne Dinge wie ein afrikanischer Holzvogel, verrückte Dinge wie ein Kühlschrankmagnet mit einem singenden Schweinchen oder lustige Dinge wie ein solarbetriebener winkender Bär begeistern mich einfach. Ich habe eine Schwäche für solchen Krimskrams. Es hat ziemlich lange gedauert, bis ich es begriffen habe: aber man kann sich an all diesen Dingen erfreuen, ohne dass man sie besitzt. Auch wenn es manchmal schwerfällt, man kann es sich antrainieren, solche Sachen nur anzuschauen statt zu kaufen – das ist beglückend und vernünftig. Man kann diesen ganzen Krempel nicht durch sein Leben schleppen. Deshalb ist es vielleicht besser, ihn gar nicht erst in seinen Besitz zu bringen.

Die oben erwähnten Dinge sind klein, man kann sie gut verschenken. Wenn Sie bei jemandem zum Essen eingeladen sind, kaufen Sie keine Blumen oder Präsente – verschenken Sie etwas von Ihren eigenen Sachen!

Manchmal empfinde ich es als ermüdend, Einrichtungsmagazine durchzublättern. Oft scheint es, als seien alle Möbel in ein und demselben Laden gekauft worden. Sie sind farblos, schlicht, perfekt und ohne jeden Charme. Viel zu viele dekorative Gegenstände sind im Raum arrangiert und wirken oft wie beliebig zusammengewürfelt. Ich frage mich, wer das alles abstauben soll.

Doch von vielen Wohnungen kann man wirklich etwas lernen. Sie sind schön, praktisch und spärlich möbliert, inspirierende Räume, die leicht sauber zu halten sind. Ich versuche mir da immer etwas abzuschauen. Dann denke ich über meine eigene Wohnung nach und entschließe mich vielleicht, noch ein paar mehr Sachen wegzugeben!

Wenn es Ihr Geheimnis ist, hüten Sie es

Als mein Vater in eine kleinere Wohnung umzog, gab es ein paar Sachen, die ihm wirklich Kopfzerbrechen bereiteten. Er war Arzt und bewahrte sämtliche Patientenakten in seinem Arbeitszimmer auf. Jetzt musste er einen Weg finden, diese Dokumente zu entsorgen, ohne die ärztliche Schweigepflicht zu verletzen. Er hatte alle Unterlagen von Hand geschrieben oder auf seiner kleinen Remington-Schreibmaschine getippt. Computer gab es damals noch nicht, und deshalb war es für ihn nicht besonders schwer, die Akten vollständig zu vernichten. Wir verbrannten sie in einem alten Ölfass neben unserem Landhaus.

Ein weiteres Problem war ein Päckchen ganz hinten in seiner Schreibtischschublade. Es enthielt einen großen Brocken Arsen! Der lag seit fast dreißig Jahren dort, seit der Zeit, als wir den deutschen Überfall auf unser Land befürchten mussten. Es war kaum nachvollziehbar, warum mein Vater ihn so lange aufbewahrt hatte. Vielleicht hatte er ihn einfach vergessen. Vielleicht hatte er auch gedacht, es könne nicht schaden, ein wenig Gift zur Hand zu haben. Der Apotheker machte ein erstauntes Gesicht, als ich ihm das Arsen brachte, aber er nahm es in seine Obhut.

Als ich dann das Haus meiner Eltern ausräumte, erlebte ich eine echte Überraschung. Meine Mutter hatte einen großen Schrank für die Leinenwäsche. Die frisch gemangelten Handtücher und Servietten lagen ganz unten in einem Stapel, der von oben nach unten abgetragen wurde. Und ganz hinten, hinter den Kissenbezügen mit dem gefältelten Besatz, entdeckte ich ihr Laster: mehrere Schachteln Zigaretten.

Was ist ein Laster? Ich würde sagen: eine Angewohnheit, die uns nicht unbedingt guttut. Heute sind wir immer mehr von unseren Handys, von Videospielen und vielen anderen Dingen abhängig, die – anders als Zigarettenschachteln – nach unserem Tod nicht plötzlich aus irgendeinem Versteck auftauchen können.

Trotzdem gibt es Leute mit ganzen Batterien Gin- und Whiskeyflaschen im Schrank, die sie heimlich geleert haben. Oder mit anderen Dingen, die nach ihrem Tod Anlass zu Klatsch und Tratsch geben.

Vielleicht hatte der Großvater Damenunterwäsche in seiner Schublade oder die Großmutter einen Dildo im Schrank. Aber was spielt das nach deren

Tod noch für eine Rolle? Sie weilen nicht mehr unter uns, und wenn wir sie gemocht haben, sollte uns das nicht weiter bekümmern. Lassen wir einander unsere kleinen Freuden, solange wir niemandem damit wehtun.

Aber vielleicht wäre es eine nette Geste der Aufmerksamkeit, wenn wir unseren Lieben, die einmal unsere Wohnung auflösen müssen, möglichst wenige Überraschungen dieser Art hinterlassen. Wir könnten anfangen, zumindest ein bisschen zu entrümpeln, bevor wir die Erde verlassen.

Also: Behalten Sie Ihren Lieblingsdildo, aber werfen Sie die anderen fünfzehn weg!

Wozu Sachen aufheben, die nach unserem Tod unsere Angehörigen schockieren oder verstören könnten?

Vielleicht haben Sie Briefe, Dokumente oder Tagebücher aufgehoben, die Informationen oder Familiengeschichten enthalten, mit denen Sie Ihre Nachkommen keinesfalls konfrontieren möchten. Wir leben in einer Kultur, in der jeder glaubt, er hätte das Recht, alle Geheimnisse zu kennen. Ich finde nicht, dass man dieses Recht hat. Wenn Sie befürchten, ein Geheimnis könnte Ihre Lieben verletzen oder unglücklich machen, vernichten Sie es. Verbrennen Sie es oder füttern Sie damit Ihren hungrigen Schredder.

Die Gefahren von Männerspielwiesen

Ein weiterer Bereich, von dem ich fürchtete, dass er mich beim *döstädning* viel Zeit kosten würde, war der Werkzeugschuppen meines Mannes. Wenn man ein Haus besitzt, ist es praktisch, jemanden in der Familie zu haben, der Schreiner, Maler und Klempner gleichzeitig ist und so gut wie alles reparieren kann.

Das ist besonders dann von Vorteil, wenn man, wie wir damals, weit entfernt von der nächstgrößeren Stadt lebt, in der sich sämtliche Fachbetriebe anzusiedeln scheinen. Dann kann schon allein die Anfahrt eines Handwerkers eine kostspielige Angelegenheit werden.

Um Fahrräder und Segelboote zu reparieren und funktionstüchtig zu halten, braucht man unterschiedliche Werkzeuge, und auch für den Garten sind viele verschiedene Geräte notwendig. Man findet spielend leicht Argumente für den Kauf immer neuer Werkzeuge, und Männer – jedenfalls die meiner Generation und der Generationen vor mir – scheinen jede Gelegenheit zu ergreifen, einen Baumarkt aufzusuchen.

Aber seien wir ehrlich: Man braucht nicht in einem großen Haus zu wohnen, um viel zu viele Werkzeuge zu besitzen. Einer meiner Söhne hat in seiner kleinen Mietwohnung in der Stadt einen ganzen Schrank voller Schrauben, Muttern und Dübel, verbogener Nägel und Geräte – Dinge, die er, wie er glaubt, eines Tages noch einmal brauchen könnte. Dabei hat er diesen Schrank schon seit Jahren nicht mehr geöffnet.

Auch nachdem die Kinder aus dem Haus waren (die ihrerseits spezielles Werkzeug benötigten, um Hütten, Flöße und Seifenkisten, schwedisch *lådbil*, zu bauen), hat mein Mann jeden Tag seine vielen Werkzeuge kontrolliert und geordnet.

Sein *snickarbod* (schwedisch für Werkzeugschuppen) wurde im Laufe der Zeit zu dem, was man heutzutage wohl eine Männerspielwiese nennt. Im Schwedischen sagen wir *mansdagis*, was soviel wie Männerkindergarten bedeutet, was mich schmunzeln lässt, denn es ist ein absolut treffendes Wort.

Ist Ihnen aufgefallen, dass viele Menschen mehr Freude daran haben, ihre Sachen zu ordnen, als sie zu benutzen? Dieser Ordnungssinn nötigt mir große Bewunderung ab.

Als ich den Werkzeugschuppen meines Mannes inspizierte, stellte ich fest, dass alles schön in Reih und Glied geordnet war: Meißel und Wasserwaage, Hämmer, Zangen und Sägen und dazu jede Menge Nägel und Schrauben. Pumpen und Gummiventile und spezielle Fahrradöle. Es klingt fast erotisch! Auch der Rasenmäher verlangte spezielle Öle, und für Schleifsteine und das Boot brauchte man Schleifpapier mit unterschiedlicher Körnung, dazu Farben, Lacke und anderes Zubehör. Alle diese Dinge hatte mein Mann sorgfältig und liebevoll sortiert und ordentlich verstaut.

Bei einigen Kisten war der Inhalt nicht auf Anhieb einer bestimmten Kategorie zuzuordnen, aber die meisten seiner Werkzeuge hingen an ihrem Platz an der Wand, der durch Umrisse gekennzeichnet war. Diese Umrisse dienten als Gedächtnisstütze, falls jemand ein Werkzeug entliehen hatte und nicht mehr wusste, wo es hingehörte. Mein Mann war ein Meister der Ordnung.

Wenn ich je mit dem Gedanken gespielt hätte, mich handwerklich zu betätigen, wäre der Werkzeugschuppen meines Mannes eine reiche Inspirationsquelle gewesen. Ich hätte Stein, Eisen, Beton und Holz bearbeiten oder Motoren für eine ungewöhnliche Erfindung aneinanderkoppeln können. Hier gab es alles, was ich dafür brauchte, jeweils mit sorgfältig abgehefteten Garantien und Anleitungen.

Aber solche Ambitionen hatte ich nicht. Ich hatte andere Vorstellungen davon, was ich mit meiner Zeit anfangen wollte, deshalb behielt ich lediglich einen Hammer, ein paar Zangen und Schraubenzieher und einen Zollstock für kleinere Reparaturen, die ich mir selbst zutraute. Bilder aufzuhängen, ein Regal aufzustellen und Kleiderhaken oder Handtuchhalter zu montieren ist nicht besonders schwer, wenn man das richtige Werkzeug hat. Auch in hohem Alter nicht. Ein paar weitere Werkzeuge wollten meine Kinder haben, und den ganzen Rest übernahmen ihre Freunde, die überglücklich waren, denn Werkzeug ist in Schweden relativ teuer.

Als ausgesprochen lohnend erwies es sich, junge

Männer einzuladen, damit sie sich etwas aussuchten. Sie waren im Begriff, ihre eigene Männerspielwiese einzurichten, und so war der Werkzeugschuppen meines Mannes im Nu leer.

Den Werkzeugschuppen leerzuräumen war also letztlich ziemlich einfach, in praktischer wie emotionaler Hinsicht. Die Sachen waren mir nicht ans Herz gewachsen, einmal abgesehen von der Tatsache, dass sie meinem Mann gehört hatten. Es gab andere Sachen von ihm, mit denen ich mich emotional enger verbunden fühlte. Ich musste beim Ausräumen nie innehalten, um zeitraubenden Erinnerungen nachzuhängen. Würde ein Mann anfangen, in seinem Werkzeugschuppen *döstädning* durchzuführen, würde es Jahre dauern. Und ich fürchte, ich kann dazu keine Ratschläge erteilen.

Unwillkommene Geschenke

Wenn Ihnen Ihre Eltern oder sonst jemand ausrangierte Sachen anbietet, die Sie eigentlich gar nicht wollen, sollten Sie ehrlich sein und sagen: Danke, aber dafür habe ich keinen Platz. Dinge, die man in seiner eigenen Wohnung nicht mehr haben will, einfach in eine andere Wohnung zu verfrachten, ist für niemanden eine gute Lösung.

Vielleicht machen Sie es aber auch wie ich, wenn ich etwas geschenkt bekomme, das mir nicht wirklich gefällt. Ich behalte das Geschenk eine Zeitlang, stelle es jedoch an eine Stelle, an der es nicht so auffällt, aber der Schenkende es dennoch sieht und sich freut, dass es in meiner Wohnung einen neuen Platz gefunden hat. Wenn es mich dann nervt, gebe ich es weg, entweder an eine Wohltätigkeitseinrichtung oder an jemanden, der mehr damit anfangen kann als ich. Aber man kann nie wissen. Ich habe so manche Sachen behalten, die mir anfangs nicht gefallen haben, die ich aber heute nicht mehr missen möchte. Manchmal ändert sich eben unser Geschmack und reift.

Wenn ich heute etwas verschenke, weiß ich, dass der Empfänger es wahrscheinlich nicht für immer und ewig behält. Verfolgt irgendjemand wirklich so genau, was mit den Sachen passiert, die er verschenkt hat? Ich nicht. Dinge gehen kaputt. Selbst eine Popcornmaschine funktioniert nicht bis in alle Ewigkeit. Ich werde mich nicht schuldig fühlen, weil ich ein Geschenk nicht für alle Zeiten behalte. Sich dankbar zu zeigen und seine Freude über ein Geschenk zu bekunden ist etwas anderes, denn die Dankbarkeit gilt nicht dem Geschenk, sondern dem Schenkenden.

Ich kenne Leute, die einen – wie wir in Schweden sagen – *fulskåp* haben, einen Schrank fürs Hässliche. Ein *fulskåp* ist voller Geschenke, die man entsetzlich findet, aber unmöglich weiterverschenken kann. In der Regel stammen sie von entfernten Verwandten, und wenn die zu Besuch kommen, stellt man die Sachen zur Schau.

Das ist keine gute Idee, finde ich, denn wenn die Verwandten die Sachen sehen, werden sie Ihnen nur noch mehr davon schenken! Und außerdem: Wer kann schon den Überblick behalten, wer einem wann was geschenkt hat. Wenn Ihnen etwas nicht gefällt, rangieren Sie es aus.

Sammlungen, Sammler und Hamsterer

Haben wir nicht schon immer Dinge gesammelt? Reisig und Holz fürs Feuer, Beeren und Wurzeln zum essen. Aber Dinge nur aus Spaß und Freude zu sammeln ist etwas völlig anderes. Ich habe als Kind an einem Strand an der schwedischen Westküste, wo ich geboren bin, Muscheln gesammelt. Einige dieser Muscheln habe ich noch heute, sie liegen in einer Schale, zusammen mit anderen Muscheln von exotischeren Orten. Ich betrachte sie gern und nehme sie immer wieder in die Hand. Als Kinder haben wir Aufkleber, Kronkorken, Streichholzschachteln und Bilder von Fußball- und Filmstars gesammelt. Ich habe auch das bunt gemusterte dünne Papier gesammelt, in das die Orangen eingewickelt waren. Sie wurden nach dem Krieg wieder importiert, nachdem wir viele, viele Jahre keine Orangen und Bananen mehr gesehen hatten.

Wir sammelten auch Lesezeichen, die wir in der Schulpause mit Schülern aus unserer und aus anderen Klassen tauschten. Ich hatte ein großes, schönes

Lesezeichen, das ich einem Jungen aus meiner Klasse unter der Bedingung anbot, dass er mich küsst. Damit wollte ich, glaube ich, meine beste Freundin beeindrucken, die vier Jahre älter war als ich und damit angab, wie viele Jungs sie schon geküsst hatte. Aber mein Auserwählter küsste mich nicht, und so konnte ich mein geliebtes Lesezeichen behalten. Ich glaube, ich war ganz zufrieden damit.

Später sammelte ich mit größerer Ernsthaftigkeit. Briefmarken beispielsweise wurden zu einem recht einträglichen und lehrreichen Hobby, wenn man sich ein wenig Mühe gab.

Vor vielen Jahren hatte ich einen interessanten Nachbarn. Er nutzte einen Raum im Keller seines Hauses als Abstellplatz für alle möglichen Sachen: platte Reifen, einen Schlitten, einen Babylaufstall und vieles andere. Im Laufe der Zeit wurde der Raum immer voller. Auf der Rückseite des Hauses gab es eine Hintertür, die in diese Rumpelkammer führte. Und ab und zu nahm die Dame des Hauses ein paar Sachen aus dem Keller und warf sie auf die Müllhalde. Auf diese Weise gab es also immer Platz für weitere Sachen, die ihr Mann im Keller lagern wollte.

Letzten Sommer lernte ich eine Frau kennen, die auf dem örtlichen Flohmarkt Sachen verkaufte. Sie und ihr Mann waren im Begriff umzuziehen, und bei einem Blick in ihre Küchenschubladen stellte sie fest, dass sie, unter anderem, zwölf Käsehobel besaß. Sie war keine Sammlerin, sie war nur ein wenig unachtsam. Später las ich in der Zeitung über einen Typ, der Eierbecher sammelte. Er war ein echter Sammler und besaß tausend Eierbecher verschiedener Fabrikate aus der ganzen Welt. Nur Eierbecher. Unglaublich!

Ich hatte ein Kindermädchen, an dem ich sehr hing. Ihre Leidenschaft waren Sammeltassen. Später heiratete sie einen lutherischen Geistlichen und benutzte die Tassen, um den Mitgliedern ihrer Gemeinde nach der Sonntagsmesse Kaffee auszuschenken. Große Sammlungen können nützlich sein, aber manchmal werden sie zur Belastung, für einen selbst und später auch für die Familie.

Wenn man eine Sammlung loswerden will und niemand aus der Familie sich dafür interessiert, setzt man sich am besten mit einem Auktionshaus in Verbindung. Wenn das Auktionshaus kein Interesse zeigt, findet man vielleicht übers Internet einen Käufer.

Ein ernsthafter Sammler trägt Objekte aus einem bestimmten Bereich zusammen. Er verfügt über ein System, um die Stücke seiner Sammlung im Blick zu behalten, und sucht nach denen, die ihm noch fehlen. Eine solche Sammlung wird auch andere Menschen glücklich machen. Denken Sie nur an Museen. Sind sie nicht das Werk fleißiger Sammler?

Menschen hingegen, die Objekte einfach nur horten, ohne Sinn und Verstand, leiden womöglich an einer pathologischen Störung, die erst kürzlich entdeckt wurde. Solche Messies stopfen manchmal ein Zimmer ihres Hauses mit so viel Krempel voll, dass sie es nicht mehr betreten können. Für manche Familien und Partnerschaften wird so eine Sammelwut zu einem ernsten Problem. Leider habe ich für einen solchen Fall keinen Ratschlag bereit. Diese Menschen sind krank, und ihre Krankheit kann geheilt werden. Wenn aber kein Arzt helfen kann, fällt mir nur eine Lösung ein: einen großen Container bestellen, wenn der richtige Zeitpunkt gekommen ist.

Im Garten

Die meisten Menschen haben ein Hobby, etwas, mit dem sie sich jeden Tag gern beschäftigen. Vielleicht haben wir das Glück, unser Hobby zu unserem Beruf gemacht zu haben. Wenn nicht, können wir es immer noch in unserer Freizeit betreiben.

Ich habe den Garten hinter unserem Haus geliebt. Für mich war es eine reine Freude, darin herumzuspazieren, die Blumen, Bäume und Sträucher zu betrachten und mich dabei zu verlieren. Ich konnte stundenlang Bäume und Sträucher beschneiden, Pflänzchen pikieren, Unkraut jäten, Pflanzen umsetzen oder mich einfach an einem Gewächs erfreuen, das plötzlich eine wunderschöne Blüte bekommen hatte. Ein Garten ist voller Abenteuer und Überraschungen.

Im Sommer erntete ich Himbeeren und konnte jedem meiner Enkelkinder eine sonnengereifte Tomate oder eine Gurke geben. Wenn man, wie ich, in eine Wohnung im fünften Stock zieht, ist es mit solchen glücklichen Momenten vorbei.

Als ich noch meinen Garten hatte, gab es viele Gerätschaften, die ich pflegen und aufbewahren musste. Die Hacken und Spaten hatten ihren Platz in meinem *redskapsbod*, dem Geräteschuppen. Bei meinem Umzug ließ ich sie im Schuppen zurück. Die neuen Hausbesitzer freuten sich darüber, und ich war glücklich, sie jemandem überlassen zu können, der sich weiter um meinen Garten kümmern und ihn am Leben erhalten wollte.

Auch einen Balkon – oder Balkonkästen und notfalls auch nur ein sonniges Fensterbrett – können Sie mit mehrjährigen Pflanzen begrünen. Ich habe auf meinem Balkon Efeu und Geißblatt, die über mehrere Jahre immer wiederkommen und in ihren Töpfen den Winter überstehen, ohne dass ich sie abdecken muss. Sie trotzen sogar dem rauen skandinavischen Klima, wo wir letzten November nur wenige kostbare Stunden direktes Sonnenlicht hatten. Im Frühjahr, wenn es keinen Nachtfrost mehr gibt, pflanze ich auf meinem kleinen Balkongarten Sommer-

blumen – Petunien, Vergissmeinnicht und Veilchen – und Kräuter: Basilikum, Thymian, Schnittlauch und Petersilie.

Unsere Hausgemeinschaft hat eine Gartengruppe ins Leben gerufen, die sich regelmäßig trifft und sich um die Bäume und Pflanzen in unserem Hof kümmert. Jeder, der gern gärtnert, ist eingeladen mitzumachen.

Neben grünen Hecken und blühenden Sträuchern gibt es Kirschbäume, die im Frühjahr in üppiger Blüte stehen und später süße Kirschen tragen. Im Innenhof gibt es mehrjährige Stauden, die zu unterschiedlichen Zeiten blühen. Wir haben Rhabarberstauden, aber auch Kräuter und Gewürze wie Salbei, Thymian, Rosmarin, Schnittlauch und Melisse. Jeder aus der Gartengruppe und der gesamten Hausgemeinschaft darf sich ein Zweiglein zum Kochen pflücken oder auch einfach nur daran riechen.

Das Beste an diesem Gemeinschaftsgarten ist, dass jedes Jahr jemand Neues hinzukommt. Wenn man also eines Tages das Gefühl hat, es fehlt einem die Kraft, weiter mitzumachen, werden sich die anderen aus der Gruppe um die Pflanzen kümmern, und man braucht kein schlechtes Gewissen zu haben. Eigentlich ideal, oder?

Wenn ich daran denke, wie Pflanzen wachsen und

wuchern können, und sehe, was wir alles schreddern, zerreißen, zerbrechen oder sogar vergraben, um es loszuwerden, bin ich heilfroh, dass all das im nächsten Jahr nicht erneut sprießt und größer und kräftiger wird wie manche Pflanzen oder das Unkraut.

Haustiere

Und was machen wir mit unseren Haustieren, wenn wir umziehen, ins Ausland gehen oder unsere Zukunft neu planen müssen?

Mäuse, Meerschweinchen, Hamster, Katzen, Hunde, Vögel und Fische – alle diese Lebewesen waren im Laufe der Jahre unsere Haustiere. Es klingt wie ein Zoo, aber wir hatten natürlich nicht alle gleichzeitig.

Das Meerschweinchen Hampus gehörte einem meiner Söhne. Als er acht Jahre alt war, ließ er Hampus eines Tages aus seinem Käfig und stellte ihn auf unseren Esstisch, als wir gerade mit dem Essen fertig waren. Großmutter war zu Besuch, und ich hatte einen großen Strauß Goldruten in einer Vase auf den Tisch gestellt, um den Raum zu verschönern.

Hampus näherte sich den Blumen, beschnupperte sie vorsichtig und fing dann an, ein paar Blüten zu fressen. Kurz darauf bekam das kleine Meerschweinchen plötzlich heftige Zuckungen, fiel auf den Rücken und blieb reglos liegen. Hampus war tot.

Das war natürlich sehr traurig. Mein Sohn schluchzte, sah seine Großmutter an und sagte: »Wenn du stirbst, Oma, werde ich genauso traurig sein wie jetzt, wo Hampus tot ist.« Seine Großmutter war eine kluge alte Dame, die sofort verstand, dass diese irgendwie schockierende Äußerung als eine Ehre gedacht war. Sie ließ ihren Enkel auf ihrem Schoß Platz nehmen, wo er den ganzen Abend blieb, und tröstete ihn.

Als wir Mitte der 1970er Jahre aus den Vereinigten Staaten nach Schweden zurückkehrten, mussten wir zwei unserer Hunde zurücklassen, bei zwei verschiedenen Familien. Damals gab es eine viermonatige Quarantäne für Haustiere, die aus den Vereinigten Staaten nach Schweden gebracht wurden. Die Quarantänestation ist ein kalter und einsamer Ort, und das wollten wir unseren kleinen Freunden nicht zumuten.

Wir machten uns viele Gedanken darüber, wie so ein kleiner Hund wohl reagieren würde, wenn er mit einem Schlag seine Sicherheit und Geborgenheit verliert und sich an eine völlig neue Umgebung gewöhnen muss. Deshalb wollten wir einen Platz für unsere Hunde finden, der ihnen all das gab, was sie bei uns gehabt hatten. Ich rief bei einer Hundezucht an, die sich auf Norfolk Terrier spezialisiert hatte und nicht weit von unserem Haus entfernt lag. Die Einrichtung wurde von einer netten Dame in mittleren Jahren geführt, die sagte, wir könnten gerne vorbeikommen.

Der Hundezwinger war gepflegt und sauber und voll mit glücklichen kleinen Hunden, jungen und alten. Die Frau verstand unsere Sorge, für unseren Hund Duffy eine neue Familie zu finden. Sie führte uns über das Gelände und zeigte uns viele Hunde. Dann setzten wir uns und unterhielten uns ein bisschen.

Und während wir so plauderten, kam ein Hündchen und setzte sich dicht neben meinen Sohn. Die Frau lachte und meinte: »Sieh mal, dieser Hund kennt dich nicht und würde trotzdem gern mit zu dir nach Hause kommen!« Wir waren erleichtert, beruhigt und froh, dass wir den Hundezwinger besucht hatten.

Eine Sekretärin aus der Firma meines Mannes nahm sich des kleinen Norfolk Terriers an, und so fand er ein neues, liebevolles Zuhause. Ich bekam sogar einen Brief von Duffys neuer Besitzerin, die mir schrieb, alles sei bestens.

Hundezüchter kennen in der Regel viele Leute, die darauf warten, einen Welpen oder auch einen älteren Hund zu kaufen. Auch unser Basset fand auf diesem

Weg ein neues Zuhause. Er war ein so hübscher, lustiger und verrückter Hund. Er legte sich gern in die sorgsam gestalteten Blumenbeete in den Gärten der gesamten Nachbarschaft. Wenn sich die Gelegenheit bot, schnappte er sich ein Sandwich oder sonst etwas Essbares. Er hatte es gut bei seiner neuen Familie, aber was aus deren Garten geworden ist, habe ich nie erfahren.

Hat man sich erst einmal an Haustiere gewöhnt, kann das Leben ohne sie furchtbar öde und leer sein. In Singapur fuhr ich eines Nachmittags mit einem meiner Söhne in ein Tierheim der Tierschutzorganisation SPCA (Society for the Prevention of Cruelty to Animals), wo ausgesetzte Tiere von fest angestellten Mitarbeitern betreut werden.

Wir kehrten mit einem neuen Familienmitglied nach Hause zurück: Taxes, einer großen sandbraunen, alten und lethargischen Dogge. Taxes hatte ihr Plätzchen schnell gefunden: auf einer dicken Decke auf unserer Terrasse. Sie schlief viel und die meiste Zeit so tief und fest, dass einmal zwei Einbrecher über die Terrasse ins Haus einsteigen konnten, als wir kurz weggefahren waren. Trotz ihres furchterregenden Aussehens war sie ein ausgesprochen gutmütiger Hund.

Taxes hatte einen ergrauten Bart, litt an Rheuma

und vertrug nur vegetarische Kost: braunen Reis mit Ei und gekochtem Gemüse. Diese Mischung war so lecker, dass ich meine halbwüchsigen Kinder manchmal dabei ertappte, dass sie das Hundefutter als Zwischenmahlzeit aßen, wenn sie von der Schule nach Hause kamen.

Trotz dieser menschlichen Konkurrenten bekam Taxes draußen auf der Terrasse jeden Nachmittag eine große Schüssel dieses leckeren vegetarischen Gerichts serviert. Und jedes Mal setzten sich zwei große schwarze Dohlen auf das Geländer und schauten ihm beim Fressen zu. Sie saßen reglos da, blinzelten nur und nickten mit dem Kopf. Taxes ließ immer ein paar Bissen in seiner Schüssel. Dann tappte er hinüber auf seine Decke, um ein Verdauungsschläfchen zu machen, während die Dohlen blitzschnell herunterschossen, sanft auf der Terrasse landeten und das übrig gebliebene Futter fraßen. Jeden Tag! Wirklich entzückend.

Es ist beglückend, einen Hund zu haben, aber mit so einem Haustier übernimmt man auch eine große Verantwortung. Wenn man krank wird, umziehen muss oder sich für einige Zeit nicht (oder vielleicht sogar nie mehr) um seinen geliebten Freund kümmern kann, muss man dafür sorgen, dass er die bestmögliche Pflege und Zuwendung erhält. Die meisten

Hunde sind sehr gesellig. Sie knüpfen schnell Kontakt mit Menschen und werden sich auch ohne ihr altes Herrchen ihres Lebens erfreuen. Bei unserem Hund Taxes war es anders, denn er war alt und litt unter körperlichen Schmerzen.

Als wir endgültig nach Schweden zurückkehrten, wusste ich nicht, was ich machen sollte. Ich konnte mir nicht vorstellen, Taxes einem ungewissen Schicksal zu überlassen. Er war ein viel zu empfindlicher Hund, um noch einmal ganz von vorne anzufangen, und viel zu alt, als dass wir eine Familie hätten finden können, die ihn bei sich aufnahm. Und ich war skeptisch, dass er eine viermonatige, kalte und unwirtliche Quarantäne überleben würde, wenn wir ihn nach Schweden mitnehmen wollten.

Schließlich sprach ich mit unserem Tierarzt und traf die meiner Ansicht nach einzig richtige Entscheidung. Es fiel uns wirklich schwer, und es tat uns sehr weh, aber wir ließen ihn einschläfern. Nach der Injektion sank Taxes friedlich und schwer in meine Arme. Es war unsäglich traurig, aber es war die einzig mögliche Option.

Dinge, Menschen und Haustiere loszulassen, wenn es keine bessere Alternative gibt, war für mich eine schwierige Lektion. Je länger ich lebe, desto öfter muss ich sie lernen.

Wenn ich jetzt, wo ich so alt geworden bin, noch einmal ein Haustier haben sollte, müsste es gleichfalls alt sein. Ich bin zu faul, um einen Welpen aufzuziehen, und ich schaffe keine langen Spaziergänge mehr, die man mit einem jungen Hund machen muss. Falls ich mir noch einmal einen Hund zulegen sollte – und manchmal spiele ich durchaus mit dem Gedanken –, würde ich in einem Tierheim nach einem alten, müden Hund fragen, um den ich mich kümmern könnte. Vielleicht wäre das auch für Sie eine Möglichkeit, wenn Ihr geliebtes Haustier stirbt und Sie weiterhin ein Tier an Ihrer Seite haben möchten.

Wenn Ihr Hund länger lebt als Sie, könnte das für Ihre Hinterbliebenen zum Problem werden. Sprechen Sie mit Angehörigen und Nachbarn, bevor Sie sich einen alten, trägen Hund zulegen. Fragen Sie, ob einer von ihnen bereit wäre, sich um ihn zu kümmern, wenn Sie es einmal nicht mehr können. Wenn nicht, sollten Sie noch einmal überlegen, ob es wirklich ratsam ist, sich ein Haustier anzuschaffen.

Die Geschichte von Klumpeduns

Ist das ein Buch über Tiere?, werden Sie fragen. Nein. Denn sonst müsste ich Ihnen all die verrückten Geschichten über unseren Fisch, unsere vielen Vögel und unsere wunderbaren Katzen erzählen: Mien, Little Cat, Little Fur, Shreds. Aber von *einer* Katze möchte ich Ihnen doch erzählen: Klumpeduns, was im Schwedischen so viel wie Tolpatsch bedeutet.

Eines Tages tauchte eine große, hellrote Katze bei uns auf. Mein Mann hatte zwar nichts gegen Katzen, aber er hatte auch nie eine haben wollen. Doch diese rote Katze adoptierte meinen Mann auf der Stelle und wollte ihm so oft wie möglich nahe sein. Wir nannten sie Klumpeduns, weil sie, anders als die meisten Katzen, ständig irgendwo dagegen stieß und etwas kaputtmachte, bei einem Sprung ihr Ziel verfehlte oder urplötzlich von dem Stuhl fiel, auf dem sie lag.

Abends, wenn mein Mann in seinem Lehnstuhl gemütlich vor dem Fernseher saß und die Sportnachrichten schaute, kam Klumpeduns herangetapst, sprang hoch und machte es sich auf der Sessellehne bequem.

Später, als mein Mann in ein Pflegeheim musste, trauerte die Katze und vermisste ihn, aber sie sprang weiter jeden Abend auf die Sessellehne – wenn sie sie nicht verfehlte! – und rollte sich darauf zusammen, obwohl ich nur selten die Sportnachrichten schaute.

Eines Tages bekam ich einen Anruf aus dem Pflegeheim, und man teilte mir mit, dass mein Mann plötzlich verstorben sei. Ich hatte ihn noch am Vormittag besucht, und obwohl er sehr krank gewesen war, traf mich die Nachricht wie ein Schock. Wie konnte es auch anders sein? Das Pflegeheim bat mich, zu kommen und seine Sachen abzuholen, weil das Zimmer sofort gebraucht werde.

Es gab im Pflegeheim viel zu regeln, aber ich nahm alle seine Sachen aus seinem Zimmer mit nach Hause. Die Kleider legte ich auf einen Stapel im Flur neben die Eingangstür, viel zu erschöpft, um sie sofort wegzuräumen. Freunde hatten mich zu sich eingeladen, und da ich nicht allein sein wollte, ging ich zu ihnen.

Als ich nach Hause zurückkam, lag Klumpeduns im Flur auf dem Stapel mit den Kleidern meines Mannes. Mir kamen die Tränen.

Ich hatte viel geweint in all den Jahren, in denen mein Mann immer weiter von mir weggedriftet war. Doch an jenem Abend richtete sich mein ganzer Schmerz und Kummer auf diese Katze. Ich fühlte mich plötzlich schuldig, dass ich die arme Kreatur mit ihrer Trauer allein gelassen hatte. Klumpeduns starb ein paar Monate später.

Nicht, dass ich wirklich an ein Leben nach dem Tod glaube, aber manchmal stelle ich mir vor, dass Klumpeduns seinen guten alten Freund an einem anderen, fernen Ort wiedergefunden hat und neben ihm auf einer bequemen Sessellehne sitzt.

Und schließlich: Fotos

Ich bin bei dem Kapitel über Fotos angelangt. Fotos können einem wirklich zu schaffen machen – in verschiedener Hinsicht.

Alte Fotos durchzusehen geht einem sehr nahe. So viele Erinnerungen kehren zurück, Erinnerungen, die man gern bewahren und vielleicht an seine Familie weitergeben möchte. Aber denken Sie daran: Ihre eigenen Erinnerungen und die Ihrer Angehörigen sind nicht immer identisch.

Was der eine für wertvoll und bewahrenswert hält, findet ein anderer womöglich völlig uninteressant. Wenn Sie mehrere Kinder haben, glauben Sie bloß nicht, dass alle genau dasselbe denken und empfinden. Nein, überhaupt nicht.

Wir können heute zwar Unmengen von Fotos auf unserem Computer speichern und aufbewahren, aber ich glaube, die meisten von uns schauen sie sich trotzdem lieber in einem Album an. Als unsere Kinder klein waren, hatte jedes von ihnen ein eigenes Fotoalbum. Es war jedes Mal aufregend, wenn ein Film entwickelt wurde und ein Packen Bilder im Briefkasten lag. Jedes Kind konnte selbst entscheiden, welche davon es in seinem Album haben wollte, und schrieb seinen Namen auf die Rückseite, damit wir wussten, welche wir nachbestellen mussten. Wenn dann ein paar Tage später die nachgemachten Fotos kamen, ordneten wir sie in die Alben ein. Meine Kinder haben ihre Alben bis heute.

Es gibt viele hübsche Fotoalben in unterschiedlicher Form und Ausstattung. Ich bevorzuge Alben mit Loseblattsystem, dann kann die Zahl der Seiten beliebig erweitert und das Album immer dicker werden.

Natürlich ist es schön, mit einem Gleichgesinnten dazusitzen und ein Fotoalbum durchzublättern. Man kann über diese und jene Begebenheit reden, Erinnerungen austauschen und vielleicht auch über den sprechen, der die Aufnahme gemacht hat. Man erfährt sozusagen etwas über die unsichtbare Rückseite der Fotografie.

Eine meiner Schwägerinnen erzählte mir von einem Mädchen in der Kinderkrippe, wo sie arbeitet. Das Mädchen wollte ihre beste Freundin zeichnen. Als das Porträt fertig war, drehte das Mädchen das

Blatt um und zeichnete die Rückenansicht ihrer Freundin auf die Rückseite. Was für eine wunderbare Idee!

Worauf also sollte man achten, wenn man Fotos aussortiert?

Viele Fotos werfe ich weg, noch bevor ich sie in ein Album tue – entweder weil es keine guten Aufnahmen sind oder weil die Leute darauf total bescheuert aussehen.

Ich habe immer Wert darauf gelegt, die Namen aller Personen auf einem Foto zu kennen. Heute bin ich die Älteste in meiner Familie, und wenn ich die Namen nicht kenne, dann kennt sie vermutlich niemand in der Familie. Noch mehr Arbeit für meinen Schredder.

Aber manchmal zögere ich. Richtig alte Fotos besitzen einen historischen und kulturellen Wert, auch wenn man die Namen der Personen nicht kennt. Es kann Spaß machen, die Kleider, die Autos oder das Straßenleben von vor dreißig, vierzig Jahren zu studieren. Daher sollte ich vielleicht etwas vorsichtiger sein und meinen Kindern ei-

nige dieser Fotos zeigen, um herauszufinden, welche sie interessieren und ob sie möchten, dass ich sie für sie aufbewahre.

Mein Vater fotografierte gern, und er war ein hervorragender Fotograf. Auch ich habe im Laufe der Jahre viel geknipst, und drei meiner Kinder sind talentierte Fotografen. Infolgedessen gibt es in unserer Familie viel zu viele Fotos. Das ist allein meine Schuld, und deshalb liegt es an mir, einige zu entsorgen. Es ist meine Aufgabe und die meines hungrigen Schredders.

Ein Problem waren die Unmengen Dias, alle in Magazinen archiviert, die jeweils bis zu achtzig Dias fassen. Davon hatte ich viele. Wir projizierten die Fotos an die Wand und schauten sie uns an. Das war ein unterhaltsamer Zeitvertreib, denn vor fünfzig Jahren gab es in Schweden nur einen einzigen Fernsehkanal, und Kindersendungen gab es kaum. *Scooby-Doo* kam, glaube ich, einmal pro Woche im Fernsehen.

Vor ein paar Jahren im Herbst beschloss ich, mit den Dias irgendetwas zu machen. Ich kaufte einen kleinen Filmscanner zum Digitalisieren und verbrachte meine freie Zeit hauptsächlich damit, die Dias durchzusehen: Fotos von der Geburt meines ältesten Sohnes und viele weitere aus den folgenden fünfundzwanzig Jahren.

Mit Hilfe des Scanners digitalisierte ich alle Bilder, die ich aufheben wollte, speicherte sie auf meinem Computer und exportierte sie auf USB-Sticks für meine Kinder. Es ist unglaublich, wie viele Fotos auf so einem Stick Platz finden, dabei ist er kaum sechs Zentimeter lang. Das waren in jenem Jahr meine Weihnachtsgeschenke. Ich steckte die USB-Sticks in Briefumschläge und verschickte sie mit der Post.

Wenn man auf ein langes Leben zurückblickt, kann man sich leicht in Erinnerungen an längst vergangene Tage verlieren. Dafür braucht man viel Zeit, ich weiß. Alte Fotos entspannt und in aller Ruhe durchzusehen ist viel schöner, wenn man es vorher geschafft hat, andere Dinge auszurangieren. Fotos benötigen nicht besonders viel Platz, und wenn Sie Ihren Kindern die Aufgabe überlassen, sie nach Ihrem Tod wegzuwerfen, werden sie es Ihnen nicht wirklich übelnehmen. Vielleicht macht es ihnen sogar Spaß, sie durchzusehen.

Einmal kamen alle meine inzwischen erwachsenen Kinder, einige mit ihrer Familie, um mit mir meinen Geburtstag zu feiern. Im Vorfeld hatte ich viele Fotos zusammengetragen, aussortiert und in Umschläge gesteckt, die ich mit den

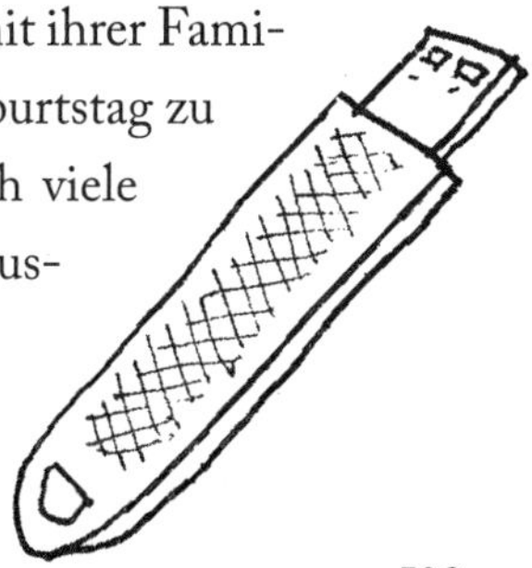

Namen meiner Kinder beschriftet hatte. Wir saßen alle um den Esstisch. Im ersten Moment, als sie ihre Umschläge öffneten und ihre Fotos betrachteten, war es mucksmäuschenstill, aber nach einer Weile riefen sie: »Wow! Guck mal, wie du aussiehst! Kennst du das hier? Erinnerst du dich noch?« Und so ging es weiter. Es war ein Riesenspaß. Am Ende lagen alle Fotos erneut bunt durcheinandergewürfelt auf einem großen Haufen. Aber jetzt sortierte ich sie ein zweites Mal aus und steckte sie in die entsprechenden Umschläge, die ich meinen Kindern bei ihrem nächsten Besuch mitgab. Manche Dinge sind so schön und wichtig, dass man sie einfach aufheben muss.

Wenn man aus der schwierigen Aufgabe des Aussortierens von Fotos, die man im Laufe eines langen Lebens zusammengetragen hat, ein Spiel und ein besonderes Erlebnis mit Familie und Freunden macht, ist es weniger einsam, weniger strapaziös und sehr viel lustiger. Dann braucht man das Gewicht all der Erinnerungen nicht allein zu tragen und entgeht der Gefahr, sich in der Vergangenheit zu verlieren.

Sachen, von denen man sich einfach nicht trennen kann

Manche Sachen wegzuwerfen ist schwer, ja fast unmöglich, obwohl sie ganz offenkundig unnütz und wertlos sind. Bei meinem Umzug in eine Zweizimmerwohnung merkte ich auf einmal, dass ich einige Familienmitglieder, die mich mit ihren traurigen Glasaugen anschauten, komplett vergessen hatte. Unsere innig geliebten Stofftiere.

Lange Zeit hatte niemand an sie gedacht, obwohl sie wahrscheinlich mehr Freude und Trost gespendet haben als so manche menschlichen Verwandten. Und ich hatte keine Enkelchen mehr, denen ich sie hätte schenken können.

Einer meiner erwachsenen Enkel nahm ein paar dieser Schmusetiere für seine eigenen Kinder mit: Teddyfer (ein kurioser Name; er sieht aus wie ein plüschig knuddeliger Luzifer), einen großen weißen Eisbären (den ich von meinem Mann zu Weihnachten bekommen habe, als wir in Singapur lebten, und mit dem ich tanzte, wenn mein Mann nicht zu Hause war) und Ferdinam, ein großes blaues Nilpferd mit einem Griff auf dem Rücken, einer Troddel am Schwanz und einem gestreiften Mützchen auf dem Kopf. Ich freute mich, dass sie – wie ich – ein neues Zuhause bekamen, aber ich war natürlich auch traurig, Abschied nehmen zu müssen.

Heute sitzt Bumbal in meinem Wohnzimmer, ein riesiger Koalabär, den mein Mann aus Australien mitgebracht hat. Ich glaube, er bekam im Flugzeug einen eigenen Sitzplatz. Er macht einen recht zufriedenen Eindruck. Auf einem Regal in meinem

Schlafzimmer sitzt The Old Bear. Er sieht aus wie Pu der Bär, ist schon ein wenig zerschlissen und trägt Pullover und Socken, damit die Holzwolle nicht herausquillt. Aber er ist sage und schreibe achtzig Jahre alt. Er kennt viele Kindergeheimnisse und war mir Trost und ein treuer Begleiter. Soll ich ihn in den Müll werfen? Kommt nicht in Frage. Er wird mit ein paar anderen kleinen Freunden in seinem Regal sitzen bleiben, bis ich einmal nicht mehr da bin.

Die Wegwerfschachtel

Es gibt nur wenige Dinge, die ich mir nur für mich aufheben möchte. Erinnerungen an Ereignisse und Erlebnisse, die ich sonst vergessen würde. Alte Liebesbriefe, Programmhefte, Reisesouvenirs. Alle diese persönlichen Dinge bewahre ich in einer Schachtel auf mit dem Vermerk: »Zum Wegwerfen.«

Wenn Sie Ihre Sachen durchsehen, werden vielleicht auch Sie Briefe finden, in denen der Absender so nette Dinge über Sie sagt wie »beste und liebste Freundin« oder »wunderbar«, und Ihnen Komplimente macht, die Sie immer wieder gern lesen möchten. Mit diesen Briefen würde ich lieber eine Wand tapezieren, als sie wegzuwerfen. Wenn ich solche Sachen aufstöbere, die für andere völlig bedeutungslos, für mich aber unendlich wertvoll sind, hole ich meine Wegwerfschachtel. Wenn ich einmal nicht mehr da bin, kann diese Schachtel mitsamt ihrem Inhalt vernichtet werden.

Ich weiß, dass meine Kinder als Erstes nachsehen werden, was in dieser Schachtel ist. Sie können aber auch darauf verzichten. Ich habe entschieden, dass sie die Schachtel reinen Gewissens wegwerfen können. Obwohl ich mir natürlich vorstellen kann, dass einige Briefe, Fotos und andere kleine Dinge für meine Lieben amüsant sind, wenn sie einen Blick darauf werfen, bevor sie sie entsorgen.

Döstädning im eigenen Haushalt durchzuführen ist wirklich sehr schwer. Es werden immer neue Erinnerungen wachgerufen. Gleichzeitig ist es aber auch ein gutes Gefühl. Ich verspüre so etwas wie Erleichterung, wenn ich beschließe, manche Kleinigkeit zu behalten – eine getrocknete Blume, einen merkwürdig geformten Stein oder eine hübsche kleine Muschel – und in die Wegwerfschachtel lege. Sie ist für kleine Objekte bestimmt, die nur für mich einen Wert besitzen, weil sie mich an besondere Tage und Ereignisse meines Lebens erinnern.

Wichtig ist, dass man keine große Schachtel nimmt, ein Schuhkarton sollte reichen.

Briefe und andere Schriftstücke

In unserer Familie wurden schon immer fleißig Briefe geschrieben. Das war hauptsächlich dem Beruf meines Mannes geschuldet, der für eine internationale Firma tätig war, viele Jahre davon im Ausland. Meine Schwiegermutter beklagte sich darüber und meinte: »Mein Sohn ist wie ein Satellit, immer in Bewegung und oft so weit weg!«

Da unsere Familie jahrelang in fernen Ländern lebte, hielten wir mit Verwandten und Freunden in Schweden brieflich Kontakt. Telefonieren war damals sehr teuer, und man rief nur in dringenden Fällen an. Als meine Kinder älter wurden und ihre Freunde besuchten, Schulausflüge machten und später dann weit entfernte Universitäten besuchten, schrieben sie mir und meinem Mann Ansichtskarten oder Briefe, in denen sie uns von ihren Unternehmungen berichteten oder um Geld baten. Viele dieser Karten und Briefe habe ich aufgehoben.

Skype und FaceTime waren noch nicht erfunden, und die briefliche Kontaktpflege kostete Zeit und

Mühe. Besonders in afrikanischen und asiatischen Ländern war das Verkehrs- und Kommunikationssystem nicht besonders gut ausgebaut, und wir konnten froh sein, dass wenigstens die Briefe nicht per Schiff oder mit Kurieren auf Pferden transportiert wurden. Sie wurden per Flugzeug befördert und kamen deshalb recht schnell an.

Ich weiß wirklich nicht, ob meine Enkelkinder imstande sind zu schreiben. Mit dem Stift und auf Papier, meine ich. Das scheint heute niemand mehr zu machen. Sie können gut zeichnen, aber wenn ich überlege, wie viele Dankesbriefe ich in den letzten Jahren von ihnen erhalten habe, bin ich mir tatsächlich nicht sicher, ob sie überhaupt schreiben können und ob meine Geschenke, die ich ihnen geschickt habe, jemals angekommen sind. Facebook ist an sich eine gute Sache. Über Facebook sehe ich, dass ein

Geschenk angekommen ist und vielleicht sogar Anklang gefunden hat.

Als unsere Kinder klein waren, mussten sie sich hinsetzen und Dankesbriefe schreiben. Wenn ich bedenke, wie viel Mühe jemand auf sich nimmt, um ein Geschenk zu kaufen und zu verschicken, und wenn ich mir vorstelle, welche Freude er einem anderen damit bereiten kann, hat sich, glaube ich, der Aufwand gelohnt.

Wenn ein Kind noch zu klein ist, um in seiner Muttersprache zu lesen und zu schreiben, und dann in einem fremden Land eine neue Sprache lernen muss, ist das Briefeschreiben eine echte Herausforderung. Unsere Jüngste wollte an ihre Freundinnen in Schweden schreiben, wie es ihre ältere Schwester und ihre großen Brüder mit ihren Freunden taten. Sie gab sich alle Mühe, und ich hörte ihre tiefen Seufzer. Aber plötzlich sagte sie: »Mama, bitte, schreib du ihnen und sag, dass ich tot bin.« Sie war zwar erst sechs, aber irgendwie wusste sie schon, dass der Tod von allen Verpflichtungen entbindet.

Viele Jahre später konnte ich in Malta miterleben, wie sich einer meiner Enkel mit seinen skandinavischen Freunden per Computer unterhielt. Stundenlang! Und völlig kostenlos! Sie spielten zusammen Spiele. Und sie lachten! Ob er sich vorstellen kann, wie sehr sich seine Eltern vierzig Jahre zuvor nach einer so einfachen Art des Kontakts gesehnt haben?

Für meine Schwiegermutter war es natürlich furchtbar, als ihr einziges Kind mit seiner gesamten Familie in ein Land ging, das so weit entfernt war, dass ein Wochenendbesuch unmöglich war.

Deshalb schrieb ich ihr einmal in der Woche einen Brief und erzählte ihr von unserem Leben und vor allem von ihren Enkelkindern. Alle diese Briefe legte sie in eine blaue Plastiktüte und gab sie mir zurück, als wir nach Hause zurückgekehrt waren. Ein richtiges Familientagebuch! Ich bin heute so glücklich darüber. Ich werde diese Plastiktüte nicht wegwerfen. Wenn ich Zeit finde, werde ich von jedem Brief fünf Kopien machen und meinen Kindern schenken.

Für den Fall, dass mir keine Zeit mehr bleibt, die Briefe zu kopieren, habe ich auf jeden Briefumschlag geschrieben, wovon der Brief handelt: vom Schlittschuhlaufen auf dem gefrorenen Teich des Nachbarn, einer aus einer Holzkiste gezimmerten Theaterbühne oder einem aus einem großen Pappkarton gebauten Puppenhaus, von Partys oder vom Basteln des Weihnachtsschmucks.

Handgeschriebenes

Ich besitze einige sehr alte Ansichtskarten, Einladungen und Briefe. Manche sind mehr als zweihundert Jahre alt. Sie sind schön und sorgfältig geschrieben, wahrscheinlich mit einem Schreibwerkzeug, das immer wieder in Tinte getaucht werden musste. Vielleicht mit einer Gänsefeder, man sagt, glaube ich, Federkiel. Und das Papier ist sehr dünn und längst vergilbt. Richtige kleine Kunstwerke.

Als ich in die Schule ging, wurde auf eine saubere und ordentliche Handschrift sehr viel Wert gelegt. Heute gibt es nicht mehr viele Leute, die Tagebuch führen oder Briefe mit der Hand schreiben. Und wenn, ist ihre Handschrift manchmal schwer zu entziffern, vor allem für jemanden, der nie gespürt hat, wie sich der Stift in seiner Hand beim Briefeschreiben auf dem Papier bewegt.

In meiner Schule gab es sogar das Fach Schönschrift. Die meisten von uns fanden es gähnend langweilig. Der Lehrer triezte uns damit, dass er uns mit einem Federhalter schreiben ließ, den wir immer wieder mit Tinte nachfüllen mussten. Einmal hatten wir es so satt, dass wir in sämtliche Tintenfässchen Wasser schütteten. Aber damit wurde unsere Handschrift auch nicht besser.

Ich kann fremde Handschriften meistens mühelos entziffern, aber für jüngere Menschen ist das nahezu unmöglich. Vielleicht liegt hier der Grund dafür, dass es ihnen so schwerfällt, einen Antwortbrief zu schreiben. Klar, es ist sehr viel einfacher, sich an den Computer zu setzen und ein paar Zeilen einzutippen. Das geht schnell, und man braucht weder Umschlag noch Briefmarke. Man muss nicht einmal zum Briefkasten laufen. Aber ich glaube, dass es einen heute immer noch glücklich macht, wenn man in seinem Briefkasten eine Postkarte findet!

Ein Team von Filmemachern, zu denen auch meine Tochter gehört, dreht gerade eine Dokumentation über den großen schwedischen Künstler und Filmregisseur Ingmar Bergman. Sie hatten Schwierigkeiten, seine Tagebücher zu entziffern, die in einer Handschrift geschrieben waren, wie man sie vor fast hundert Jahren benutzte. Sie baten mich um Hilfe. Auch für mich war es nicht gerade einfach, Bergmans Hand-

schrift zu entziffern, aber eine unlösbare Aufgabe war es nicht. Dabei entdeckte ich, dass Ingmar Bergman unablässig über den Tod nachdachte. Das wird auch in einigen seiner Filme deutlich. Trotzdem dachte er nicht daran, vor seinem Tod auszumisten und ein wenig Ordnung zu schaffen. Und infolgedessen haben wir heute in Stockholm ein umfangreiches Ingmar-Bergman-Archiv. Vielleicht ist es manchmal gut, nicht auszumisten – zumindest dann, wenn man ein so bedeutendes Œuvre geschaffen hat.

Die wenigen Briefe und Ansichtskarten, die ich heute noch erhalte, hebe ich nicht mehr auf. Wenn ich geantwortet und mich bedankt habe, wandern sie in meinen Schredder. Nur besonders lustige oder schöne Karten hefte ich an meine Küchentür oder lege sie in meine Wegwerfschachtel, um sie später erneut zu betrachten und mich an ihnen zu erfreuen.

Mein kleines schwarzes Buch

Manchmal frage ich mich, ob die nächste Generation kleine Mitteilungen oder schöne und interessante Briefe, die sie im Laufe der Jahre von Verwandten und Freunden bekommen haben oder bekommen werden, noch werden entziffern können.

Es gibt viele Möglichkeiten, das, was man aufheben möchte, auf dem Computer zu speichern. Einige meiner Freunde allerdings haben keinen Zugang zum Internet. Sie besitzen weder Computer noch iPad, ja nicht einmal ein Handy, und sie wollen es auch gar nicht. Das sind keineswegs nur Frauen. Doch eine solche Einstellung ist sehr unpraktisch. Die Leute sagen, sie kämen auch ohne diese moderne Erfindung gut zurecht. Mag sein, aber sie sind damit auch von vielen wichtigen Informationen abgeschnitten, die ihnen das Leben erleichtern und interessanter machen könnten. Manchmal habe ich das Gefühl, ich lebe in einer völlig anderen Welt als manche meiner Freunde.

Ich weiß gar nicht, wie ich heute ohne das Internet zurechtkommen würde. Ich lese und beantworte meine E-Mails mindestens einmal am Tag. Manchmal ist es nur eine einfache Frage, es kann aber auch eine Einladung sein oder ein Newsletter, und natürlich sind auch ein paar Werbemails dabei, die ich sofort lösche. Manchmal suche ich im Internet nach einer Adresse oder Telefonnummer, ich bezahle meine Rechnungen online und kaufe Kinokarten, Zug- oder Flugtickets übers Internet.

Und wenn ich eine Fernsehsendung verpasst habe, kann ich sie zu einem späteren, für mich günstigeren Zeitpunkt auf meinem Computer anschauen. Man kann beinahe alles übers Internet kaufen. Man kann den Computer als Wörterbuch benutzen, als Kochbuch und für vieles andere mehr.

Der technologische Fortschritt ist so rasant, dass man kaum mehr mitkommt, vor allem wir Älteren nicht. Nicht nur weil wir langsamer sind als früher, sondern auch, weil wir vergesslicher sind und uns die Dinge oft mehrmals erklären lassen müssen. Das ist natürlich ausgesprochen lästig und anstrengend. Man muss sich vieles aufschreiben, besonders, wenn man den Computer benutzt. Für den Zugang zu einigen Webseiten braucht man einen Benutzernamen und ein Passwort. Und im Laufe der Zeit wächst die Zahl solcher Passwörter – und wächst und wächst.

Da verlieren selbst junge Leute leicht den Überblick.

Ich besitze ein kleines schwarzes Buch mit rotem Rücken, in das ich mir alle meine Passwörter notiert habe, so dass ich auf meinem Computer schnell Zugang zu allem bekomme, was mir wichtig ist. Und wenn der Tag kommt, an dem ich irgendwo anders sein werde, kann meine Familie leicht finden, was sie braucht.

Es ist wunderbar zu erleben, wie sehr das Internet die Kommunikation erleichtert hat. Doch manchmal denke ich, wie traurig es doch ist, dass so viele geschriebene Worte und Gedanken sich einfach in Luft auflösen. Wer rettet schon all die Textnachrichten auf seinem alten Handy? Wie viele alte Handys müsste man aufheben, um die wertvollsten Textnachrichten auch später noch lesen zu können? Und dann die Ladegeräte, die man für alle diese Handys brauchte. Unmöglich. Das ist ein weiteres Problem des technologischen Fortschritts. All die neu auf den Markt kommenden Geräte will jeder haben, aber schon kurze Zeit später sind sie völlig nutzlos.

Ich habe versucht, mich meiner Zeit anzupassen und Dinge auszurangieren, die obsolet geworden sind. Als unsere alten 8-Spur-Kassetten aus den 1970er Jahren überholt waren, habe ich sie weggeworfen. Ebenso meine Videobänder. Ich habe sie digitalisiert und dann entsorgt. Bei meinen LPs war es anders. Einer meiner Schwiegersöhne sammelt Vinylschallplatten und hat sich die LPs ausgesucht, die er haben wollte. Den Rest habe ich weggeworfen.

Natürlich habe ich auch die nicht mehr zeitgemäßen Kassettenrekorder und Plattenspieler entsorgt, mit denen wir Musik gehört haben.

Ein formschöner Toaster aus den 1920er Jahren im Art déco-Stil ist heute noch eine Augenweide. Aber ich bezweifle, dass unsere technischen Apparate, all die Ladegeräte, Router und Sticks, in Zukunft sehr viel Bewunderung finden werden.

Döstädning ist für Sie (mindestens!) so wichtig wie für Ihre Hinterbliebenen

Ich habe dargelegt, wie sinnvoll es ist, zu Lebzeiten aufzuräumen, damit Kinder oder andere Ihnen nahestehende Menschen nicht gezwungen sind, sich um Ihren Kram zu kümmern, wenn Sie einmal nicht mehr da sind. Das ist ein wichtiger Grund, aber es ist nicht die ganze Geschichte.

Man kann diese Aufräumaktion auch für sich selbst durchführen, zu seinem eigenen Vergnügen. Und wenn man frühzeitig damit anfängt, sagen wir, mit fünfundsechzig, wird es keine so gigantische Aufgabe sein wie mit achtzig, neunzig oder hundert Jahren, also in meinem Alter.

Am wichtigsten ist, dass es Spaß macht und dass man das Gefühl hat, etwas Sinnvolles und Beglückendes zu tun. Mir macht es Freude, meine Sachen durchzusehen und mich daran zu erinnern, welchen Wert sie einmal für mich besessen haben. Wenn Sie sich nicht mehr daran erinnern können, warum etwas eine Bedeutung für Sie hat oder warum Sie es aufgehoben haben, dann besitzt es eben keinen Wert, und dann wird es Ihnen auch leichter fallen, sich von ihm zu trennen.

Heute begegne ich vielen jungen Leuten, die keine Kinder haben.

Man könnte auf den Gedanken kommen zu sagen: Ich habe keine Kinder, also brauche ich auch nicht auszumisten. Falsch. Irgendjemand wird Ihren Krempel wegräumen müssen, wenn Sie einmal nicht mehr da sind. Und wer immer es sein wird, er wird es als eine Last empfinden.

Unser Planet ist sehr klein, und er schwebt in einem unendlichen Universum. Es besteht die Gefahr, dass er unter der Last unseres Konsums zusammenbricht – und ich befürchte, dass es soweit kommen wird. Auch wenn man keine eigenen Kinder hat, sollte man schon zu Lebzeiten anfangen auszumisten – zu seinem eigenen Vergnügen, aber auch all den Kindern dieser Erde zuliebe, die man nicht kennt. Recyceln und Verschenken hilft unserem Planeten und verschafft anderen Menschen Dinge, die diese vielleicht gut gebrauchen können.

Eine meiner Töchter, die selbst keine Kinder hat, besitzt eine riesige Bibliothek. Dieses Kind, inzwischen fünfzig, sucht händeringend einen jungen Menschen, der gern liest, um einige ihrer Bücher loszuwerden. Es ist eine großartige Sammlung. Meine Tochter hat immer viel gelesen, und zahlreiche Bücher aus dem Besitz meiner Familie und der Familie meines Mannes sind in ihrer Bibliothek gelandet.

Wer nur beharrlich genug sucht, findet bestimmt jemanden, dem er seine Sachen geben kann. Wenn Sie selbst kinderlos sind, haben Sie vielleicht Geschwister, die Kinder haben. Oder Freunde, Arbeitskollegen und Nachbarn, die sich über etwas aus Ihrem Besitz freuen würden.

Wenn Sie niemanden finden, dem Sie Ihre Sachen geben können, verkaufen oder spenden Sie sie. Wenn Sie nicht zu Lebzeiten anfangen, Ihren Haushalt aufzulösen und das Wertvolle von dem Überflüssigen trennen, wird nach Ihrem Tod ein großer Lkw kommen, und dann werden all Ihre wunderbaren Sachen entweder in eine Auktion wandern (bestenfalls) oder auf einer Müllkippe landen. Darüber wird niemand glücklich sein … bis auf das Auktionshaus vielleicht.

Auch wenn Sie kinderlos sind, haben Sie die Pflicht, Ihre Angelegenheiten zu regeln. Sehen Sie Ihre Sachen durch, rufen Sie sich in Erinnerung, was sie Ihnen einmal bedeutet haben, und verschenken Sie sie dann. Es gibt immer einen jungen Menschen, der im Begriff ist, eine Familie zu gründen oder seine erste eigene Wohnung zu beziehen – oder alles von

William Somerset Maugham lesen möchte (ein zugegeben eher seltener Fall). Man braucht keine Verwandten, um Töpfe und Pfannen, die Stühle vom Dachboden oder einen alten Teppich loszuwerden. Und wenn diese jungen Leute es sich später leisten können, sich das zu kaufen, was ihnen vorschwebt, werden sie Ihre Möbel an ihre Freunde weitergeben und die wiederum an ihre Freunde und so weiter und so weiter. Zwar können Sie nicht wissen, wo Ihre Sachen nach Ihrem Tod einmal landen werden, aber darüber nachzudenken hat durchaus einen Reiz.

Wenn Sie einem jungen Menschen einen antiken Schreibtisch schenken, erzählen Sie eine Geschichte dazu. Keine Lügen natürlich, aber erzählen Sie, was für Briefe an diesem Schreibtisch geschrieben, was für Schriftstücke an ihm unterzeichnet wurden und worüber an ihm nachgedacht wurde. Wenn ein solches Möbelstück an einen jüngeren und dann an einen noch jüngeren Menschen weitergegeben wird, nimmt auch die Geschichte dieses Möbelstücks immer mehr Gestalt an. Aus einem gewöhnlichen Schreibtisch wird so im Laufe der Zeit ein außergewöhnliches Objekt.

Eine Freundin von mir bekam von jemandem, der aus Stockholm weggezogen ist, einen Schreibtisch aus dem frühen 18. Jahrhundert geschenkt. Wir betrachten ihn heute. Wir sitzen an ihm, wir schreiben an ihm und fragen uns immer wieder, wer ihn wohl vor dreihundert Jahren benutzt hat. Wer waren die Adressaten? Und was wurde an ihm geschrieben? Liebesbriefe? Geschäftsverträge? Geständnisse?

Es ist ein wunderschöner Schreibtisch, wir schätzen seinen Wert. Aber er ist nicht nur schön, er ist auch seit dreihundert Jahren in Gebrauch. Ich wünschte mir, dass jeder, der an ihm gesessen und ihn benutzt hat, etwas hinterlassen hätte, das dokumentiert, welche Bedeutung er für ihn hatte. Meine Freundin hat ein Zettelchen geschrieben und in die Schublade gelegt. Sie wird den Schreibtisch bald verkaufen. Ich hoffe, dass diese Tradition fortgesetzt wird.

Die Geschichte eines ganzen Lebens

Döstädning durchzuführen bedeutet nicht einfach nur, ein paar Sachen wegzuwerfen. Sonst wäre alles sehr viel einfacher.

Alles, was wir besitzen, kann Erinnerungen lebendig werden lassen. Bei Fotos und Briefen jedoch verhält es sich viel komplizierter.

Denn hier geht es um Gefühle! Alte Briefe zu lesen ist sehr zeitaufwendig – man verliert sich in Erinnerungen und träumt sich in längst vergangene Zeiten zurück. Das kann tröstlich sein und beglückend, aber auch Gefühle der Trauer und Niedergeschlagenheit hervorrufen.

Beim Wiederlesen meiner alten Briefe habe ich gelacht und geweint. Einige hätte ich vielleicht besser nicht aufgehoben. Es gab Dinge, die ich längst vergessen und plötzlich wieder vor Augen hatte. Noch einmal! Aber zu einem vollständigen Bild des eigenen Lebens und der eigenen Lebensgeschichte gehören auch die weniger heiteren Momente.

Je intensiver ich mich dem Aufräumen und Ausmisten gewidmet habe, desto mutiger bin ich geworden. Oft frage ich mich: Wird es irgendjemanden, den ich kenne, glücklicher machen, wenn ich das aufhebe? Wenn ich nach kurzem Nachdenken zu der ehrlichen Antwort *Nein* gelange, ist der Brief oder das Foto ein Fall für meinen immer hungrigen Schredder. Aber bevor etwas in den Schredder wandert, halte ich einen Augenblick inne, um über das Ereignis oder die Gefühle nachzudenken, die damit verknüpft sind (egal, ob gute oder schlechte). Dann mache ich mir klar, dass sie ein Teil meiner Geschichte sind, ein Teil meines Lebens.

Wenn wir einmal nicht mehr da sind

Ich habe Schwierigkeiten zu verstehen, warum es den meisten Menschen so schwerfällt, über den Tod zu sprechen. Der Tod ist das einzig absolut Unausweichliche in unserem Leben.

Wie die Dinge geregelt werden sollen, wenn wir krank werden, und was nach unserem Tod mit uns geschehen soll, sind Entscheidungen, die in unserer Macht liegen. Natürlich nur, wenn wir bereit sind, uns diesem Unausweichlichen zu stellen. Für manche Dinge brauchen wir professionelle Hilfe, beispielsweise einen Notar, um ein Testament zu machen. Ich bin nicht qualifiziert, rechtliche Ratschläge zu erteilen – ich bin nur eine Expertin für *döstädning*.

Es gibt verschiedene Möglichkeiten, über den Abschied vom Leben nachzudenken und sich darauf vorzubereiten. Keine ist falsch. Manche Menschen wollen, dass ihre Asche auf hoher See verstreut wird, andere möchten eingeäschert oder in einem Sarg begraben werden. Und es gibt noch viele andere Dinge, die im Zusammenhang mit Tod und Begräbnis zu bedenken sind. Ersparen Sie Ihren Hinterbliebenen schwierige Entscheidungen und treffen Sie Regelungen, solange Sie noch dazu imstande sind. Sprechen Sie mit einer Person Ihres Vertrauens über Ihre Wünsche oder schreiben Sie sie auf. Versuchen Sie, praktisch zu sein!

Mit diesem Buch wollte ich Sie dazu animieren, das Aufräumen in Angriff zu nehmen und sich ein Wohlgefühl zu verschaffen, wenn Sie daran denken, wie viele wertvolle Stunden Sie damit einmal den Menschen ersparen werden, die Ihnen nahestehen. Nach Ihrem Tod wird niemand seine kostbare Zeit damit verschwenden müssen, den Krempel zu entsorgen, den Sie schon jetzt nicht mehr benötigen. Ich werde glücklich und erleichtert sein, wenn ich für

mich selbst diese Aufgabe, so gut es geht, erledigt haben werde. Vielleicht mache ich zur Belohnung eine Reise, oder ich kaufe mir einen Strauß Blumen und lade ein paar Freunde zu einem schönen Abendessen ein, um den erfolgreichen Abschluss meiner Aktion zu feiern. Und wenn ich nicht sterbe, gehe ich wahrscheinlich einkaufen. Wieder einmal!

Dank

Ich danke Stephen Morrison, der mich inspiriert hat, dieses Buch zu schreiben, und mir mit seinem freundlichen Rat begleitend zur Seite stand.

Mein Dank gilt meinen Verlegern Nan Graham und Kara Watson von Scribner, Jamie Byng, Jenny Todd und Hannah Knowles von Canongate sowie Henry Rosenbloom von Scribe für ihre wertvollen Anregungen, die mein Buch entscheidend verbessert haben. Ich danke Susanna Lea für all ihre Mühe und für das wunderbare Mittagessen in Stockholm sowie ihrem großartigen Team Laura, Mark, Cece, Kerry und Lauren, mit denen alles so glatt über die Bühne ging.

Und schließlich danke ich meiner Tochter Jane und ihrem Mann Lars. Ohne sie wäre dieses Buch niemals zustande gekommen.

Über die Autorin

Man hat mich um meine Biographie gebeten! Habe ich eine?

Ich weiß, dass ich in einer Silvesternacht im schwedischen Göteborg geboren wurde. Es war gutes Timing! Als Kind dachte ich, dass die Kirchenglocken nur für mich läuten, die Schiffe im Hafen nur für mich tuten und das Feuerwerk am Himmel nur für mich knistert und funkelt.

Meine Eltern liebten mich, auch wenn ich weinte und schrie. Mein Vater übte den Arztberuf aus. Meine Mutter hatte zwar eine Ausbildung als Krankenschwester gemacht, aber sie wurde Hausfrau und organisierte das Leben, das meine Eltern führten. Damals war es üblich, dass die Frauen zu Hause blieben.

Mit sieben kam ich in eine nichtreligiöse gemischte Schule. Nach Abschluss des Gymnasiums wurde ich an der Beckmans Designhögskola in Stockholm zugelassen. Nach dem Studium war es für mich leicht, eine Arbeit zu finden, denn die Schule hatte einen ausgezeichneten Ruf. Aber ich war unschlüssig, was ich machen wollte. Ich begann als Mode- und Werbedesignerin in einem großen Kaufhaus, in dem es außer Lebensmitteln und Schreibwaren so gut wie alles gab.

Als das erste Kind kam, arbeitete ich von zu Hause aus, und wenn ich meine Entwürfe und Zeichnungen ablieferte, hatte ich mein Baby in einem Korb dabei. Ich malte auch viel mit Öl, Aquarell und Tusche. Meine erste Einzelausstellung hatte ich 1979 in Göteborg, es folgten weitere Ausstellungen in Stockholm, Singapur und Hongkong, aber auch in vielen anderen schwedischen Städten. Wenn man in einer Galerie etwas verkauft hat, klebt man an die Wand neben das Bild einen roten Punkt. Und bei einigen Ausstellungen verkaufte ich so viele Bilder, dass wir witzelten, die Galerie habe offenbar die Masern bekommen. Ich war gern Künstlerin, und ich male und zeichne immer noch gern. Meine Pinsel, mein Zeichenpapier und meine Farben werde ich wohl bis an mein Lebensende behalten.

Es hat mir Spaß gemacht, aber jetzt, in einem Alter zwischen achtzig und hundert, werde ich langsam ein wenig müde und möchte etwas kürzertreten. Ich habe im Laufe der Jahre vieles zusammengetragen, und es macht mir Freude, es durchzusehen. So traurig es manchmal auch ist, seine Sachen auszusortieren, bin ich doch fest entschlossen, meinen geliebten Kindern und ihren Familien nach meinem Tod mit meinem Krempel nicht allzu viel Scherereien zu machen. Deshalb wollte ich anderen davon erzählen, wie *döstädning* mein Leben begleitet und ich es für mich selbst durchführe. Und was für eine wunderbare und anregende Herausforderung das sein kann!